ずっと働ける会社

マタハラなんて起きない先進企業はここがちがう！

NPO法人マタハラNet代表理事
小酒部さやか
OSAKABE Sayaka

花伝社

ずっと働ける会社――マタハラなんて起きない先進企業はここがちがう！◆目　次

はじめに

わたしは、ＮＰＯ法人マタハラＮｅｔ代表理事をつとめる、小酒部さやかと申します。普段の活動は、マタニティハラスメントについての講演会や、取材対応、執筆などを行っています。

マタニティハラスメントとは、妊娠・出産・育児をきっかけに、職場で精神的・肉体的な嫌がらせを受けたり、解雇や雇い止め、降格などを受けたりするハラスメントのことです。

わたし自身、以前勤めていた会社でマタハラに遭い、２回流産した経験があります。また、マタハラＮｅｔの活動をする中でも、マタハラが原因で流産したといった女性達に出会いました。彼女達やわたしのような悲しい思いをする女性が1人でもいなくなるように、マタハラＮｅｔを設立し活動を続けています。

マタハラＮｅｔの活動成果の1つとして、２０１６年3月の男女雇用機会均等法の改正があります。これによって「マタハラ防止措置義務」が新設され、２０

17年1月に施行されることになりました。

従業員の出産・育児と無縁な職場はまずありませんが、この措置義務の新設によって、マタハラはさらに多くの人にとって身近な問題となっていくことは間違いありません。


法改正を提起する一方で、マタハラが起きない職場づくりのためにはどうすればよいのか、そのノウハウを紹介しなければ不十分になるのではないかという責任も感じていました。

そこで、マタハラなど起きない先進企業をほぼ毎月体当たりで取材し、どのように人事マネジメントをしているのか、どのような業務体制をとっているのかなど、働き方のヒントを教えてもらいに行きました。

取材を重ねていくうちに、確信を強めたことがあります。

マタハラ防止のためのノウハウとは、すなわち誰にとっても働きやすい職場の作り方と同じだ、ということです。

実際、育児中の勤務者が働きやすい会社は、他の人も働きやすい会社でした。

それだけでなく、業務の効率が良く、問題発見力と解決能力が高く、当然の結果として、業績も好成績の会社ばかりだったのです。

取材のたび、「こんなに素晴らしい会社があったのだ」と元気をたくさんもらいました。時には感動のあまり、お話を聞きながら涙が止まらないこともありました。

マタハラ防止にとどまらない、働き方へのヒントをたくさんもらうことができ、それをご紹介することも、わたしのライフワークにしたいと思うようになったのです。

本書は、この取材活動の、現段階での集大成になります。

本書をお手に取ってくださった方には、タイトルを見て、「自分は今の会社をすぐにでも辞めたいよ」と思った方もいらっしゃるかもしれません。

本書でご紹介する会社を通じて、従業員が少しずつでも会社を変えられることをお伝えできると思います。働きやすい職場、幸せな会社作りは、不可能ではありません。そのためのノウハウや、モチベーションを本書が少しでも提供できればと願っています。

本書はワーク・ライフ・バランスやダイバーシティの有用性を紹介し、どうすれば実現できるのか、実際の具体的な業務改善例を提示したものです。各章にテーマを設けていますが、どの章からでも読んでいただけるようになっています。

コラムでは、人口が減少している日本の現状や、戦略としてどのようにダイバーシティをとらえるかなど、理論的なトピックを紹介いたしました。こちらも合わせてご覧いただければと思います。

それでは、ずっと働ける素晴らしい会社をご紹介させていただきます。

1章

ブラック企業からの華麗なる変身

ホシザキ東北株式会社

本書のトップバッターに登場していただくのは、〝ブラック企業〟という汚名を働き方改革で返上した、ホシザキ東北株式会社さんです。

改革前のホシザキ東北さんは、高い離職率に悩んでいました。社員400人のうち、70数名が退職する年もあったそうです。残業も慢性化してしまい、社員に元気はありません。グループ会社内の社員満足度調査ではいつも最下位に近い順位でした。

その会社が、なんと日本で最初の「プラチナくるみん」認定企業となるまでに変貌したのです。プラチナくるみんとは、厚生労働省が取り組んでいる仕事と子育ての両立支援策で、男性の育児休業取得率が13%以上、週の残業時間が60時間以上の人が5%以下、平均月時間外労働時間が80時間以上の労働者が1人もいないことなど、認定にはハードな条件が課されます。

ワーク・ライフ・バランスの力は数字ではっきりと出ている

読者の中には、ダイバーシティやワーク・ライフ・バランスへの取り組みによって会社が強くなると言われても、にわかには信じがたい方もいると思います。

実際に、マタハラＮｅｔにもたくさんの声が寄せられます。

「権利主張する社員を増やすだけだ」「社員が残業してなんとか会社が存続しているのに、福利厚生なんて言ってられない」こんなお叱りのメールがいくつも届きました。

まずは、ホシザキ東北さんの実例を紹介して、そうした発想に基づく働き方改革が会社に与える良い影響を一緒に見ていきましょう。

改革の立役者は、総務課の高橋真弓さん。彼女は「わたしでも会社を変えることができたのだから、きっと誰でも会社を変えることができる」と言います。やりがいを感じ充実したお顔が忘れられません。

売上げ至上主義のきつい会社。仕事を続けられないと思っていた

ホシザキ東北株式会社さんは、ホシザキ電機さんの販売会社として１９７４年に設立されました。ちなみにホシザキ電機さんは、製氷機で世界トップシェアを

誇る業務用総合厨房機器メーカーです。飲食業界では「ペンギンマーク」でよく知られています。

東北6県に33営業所があり、現在社員数は約500人。

仕事内容は、製氷機や食器洗浄機といった厨房機器の営業職と、修理および定期点検を担当する技術サービス職、事務職の3つ。

厨房機器の業界は、夜にお店を訪問しなければならないなど長時間労働になりやすく、労働市場からの評判はあまりよくありません。実際、10年ほど前、ホシザキ東北さんは今とは真逆の会社でした。高橋さんはこう言います。

恥ずかしながら当時の弊社は、「きつい」会社でした。

売上げ至上主義で、現場の社員は売上げを作らないと事務所に戻りづらい雰囲気がありました。帰りが遅い、休めない、退職者が多い……。そんな会社です。

10年前の有給取得率は16％。有休取得率だけでなく、売上げや退職者数にも課題を感じていました。当時は400名ほど社員がいましたが、そのうち70数名が辞めていくこともありました。そうなると入社と退社の手続きだけでも大変ですし、採用コストもかかり本当に悪循環だったのです。

また、女性社員も夜遅くまで仕事をすることが多く、結婚や出産を機に辞める場合がほとんどでした。わたし自身も先輩達を見て、「ああ、自分も結婚したら辞めるんだろうな。この職場では仕事は続けられないだろうな」と思っていました。

先例を作りたい。時代の変化を追い風に

こういった状況を、高橋さんは時間をかけて変えていきました。

最初の目標は、高橋さん自身が「育児休業の取得者第1号」になること。

高橋さんより前に、本社で育児休業を取得した社員はいません。だからこそ、「職場環境の改善を進めるべき総務課が先例を作っていかなければ、後輩達が続かない、会社が変わらない」と高橋さんは決意したそうです。

高橋さんがその思いを抱いていたときに、絶好のタイミングで、「次世代育成支援対策推進法」が制定されました。これは、３０１名以上の従業員を持つ事業

所に子育て支援策の行動計画書提出が義務付けられるほか、くるみんマークの認定といった厚労省の支援策です。

さらに、管理部の責任者だった上司にお子さんが生まれ、周囲の子育てへの理解が深まりました。普段から高橋さんが社内ニュースなどを作って働き方改革の理解を深めるよう、少しずつ取り組んでいたことも大きかったでしょう。

こうして、地道な啓蒙活動がみのり、責任者が理解を深め、「世の中の流れと会社のあり方をマッチさせよう」「企業風土を変えよう」という思いが会社側に生まれてきました。高橋さんは言います。

そんなころ、結婚・妊娠し、育児休業取得を考えました。上司や同じ部署の仲間はとても理解がありましたので、自然な流れで取得となりました。

当時はフロアでの喫煙が普通にありましたが、妊娠が分かったときにフロアを禁煙にしていただくような配慮もありました。

わたしは無事1人目を出産。子どもが1歳になるまで育児休業を取得し、育児時短勤務で復帰しました。

会社を休むことで迷惑をかけているという気持ちもありましたが、こういった配慮もありましたので、復帰して頑張ろうという気持ちになれたのです。

復帰後に会社変革。具体的な目標設定がカギ

育児休業から復帰したとき、高橋さんは後輩たちが後に続けるよう、改革に着手しました。まず、次世代育成法の施行により誕生した「くるみんマーク」の取得を目標に掲げたのです。

くるみんマークの取得には、「有給取得率○○％」「男性の育児休業者1名以上」「女性の育児休業取得率○○％」といったように具体的に数値目標を設定し、行動計画を提出しないといけません。

ホシザキ東北さんはデータを重視する社風もあり、労務管理のためには明確で具体的な目標が効果的でした。くるみんマークの取得目標はうってつけだったのです。

最初に力を入れたのは、有給休業取得の推進でした。改革の端緒にしやすいことと、社員の鋭気をまず養わなければと考えたのです。

年間の目標取得率をかかげたうえで、毎月、個人・部署ごとに有休取得率を算出し、自分達の取得率を意識してもらうようにしました。数字化・データ化し、一目で誰が有給を取れていないか分かるようにしたのです。それをもとに、現場で休暇について相談する機会を増やすように取り組みました。

また、バースデー休暇やメモリアル休暇を推奨しており、毎月取得を勧めるメッセージを配信しています。

管理職はなかなか休みが取りづらく、そもそも休むことに抵抗があるものです。そこで工夫したのは、管理職から部下へ、メッセージを書いてもらうことでした。たとえば、「メモリアル休暇を使って、マラソン大会に参加してリフレッシュできました。とっても良かったです。A君も休みを取ってくださいね」というものです。

そうなると、メッセージを送った手前、管理職も休まないといけないし、きちんと有休を取得することはいいことなんだという意識が定着していきました。

このような取り組みの結果、10年前は10％台だった有休取得率も徐々に増え、昨年（２０１４）は75・5％へ。３年連続で70％を超えています。

男性の育児休業取得への取り組み。管理職が動けば変わる

こうして有休業取得が定着していったそうですが、男性の育児休業取得にはまだハードルがあったと高橋さんは言います。くるみんマーク取得を目標に取り組みを進めるなか、どうしても男性社員の育児休業取得率向上が課題となり、解決すべきは男性社員の心理的抵抗でした。

有給休暇は取りやすくなったとはいえ、育児休業で長期にわたり会社を休むことは男性社員にはなかなか受け入れてもらえず、軌道に乗るまで時間がかかりました。育休を取りたい気持ちはあるものの、２０１６年現在、給付金は給与の67％（１８１日目以降50％が支給）ですので、家計に負担がかかり、仕事や昇進・昇格への影響があるのでは、など不安要素がたくさんあったからです。

そこで、管理職の育休取得推進に力を入れました。

管理職で初めて育休を取得した宮城営業課の阿部は、営業職でしたので「顧客相手の仕事では休みづらい」と、当初は育休を断っていましたが、社長から直接育休を勧める電話を入れてもらい、半ば強制的に取得することになりました。

「今回は業務が忙しいので、辞退させてください」と申し入れるも、社長は首を縦に振りません。社長の「あなたが取らないと、部下も取りにくくなるよ」という言葉に、阿部は9日間の育休を、なかばしぶしぶ取りました。

いざ取得してみると、阿部自身もおどろくほど、育児休業に対する意識が変わりました。

「そのときにしか見られない子どもの姿が見られ、妻の力にもなれたので、育休を取れたことに非常に感謝しているし、ぜひ同僚・部下にも取ってほしい」と言うようになったのです。

その後、阿部の管轄している宮城営業課では9人の男性社員が育休を取得しました。パートナーへの理解が深まっただけでなく、子育ての大切な思い出や、人生の楽しみが増えたとうれしそうに言ってくださるので、わたしも、思わず涙ぐむことがありました。この取り組みは本当に良かったなと思います。

さらなる定着を目指して。レポートが大好評

高橋さんは、より多くの人に取得してもらうため、「育児休業奨励金制度」と「育児休業レポートの配信」を始めました。

家計への負担がハードルになっているので、要件を満たした希望者に、奨励金を支給することにしました。

要件や金額が当時と変わっていますので、たとえ話になりますが、2週間以上育休を取得し、レポートで報告した男性社員には50万円支給する、といった制度です。

奨励金の有無にかかわらず、育児休業を取得した社員は全員このレポートを作成してもらっています。育休中に子育てに参加している姿を収めた「写真付きのレポート」に、上司がコメントを添えます。普段知り得ない社員のプライベート

が垣間見え、社内では大好評です。

多くの社員は、子どもが新生児のころに育児休業を取得します。子育てのなかでも、両親がまだ慣れておらず、なかなか大変な時期です。

男性社員からは、「妻の大変さがわかってよかった」「家族との大切な時間を過ごすことができた」など、どれも会社への感謝にあふれたレポートが届いています。

育休を取得した男性社員は、会社への感謝やモチベーションが本当に上がります。この気持ちをレポートすることは非常に効果的でした。「しっかり休んでしっかり働く」という生産性の高い働き方へ、意識が変わっていったのです。

総務課が育児休業を勧めて声掛けする。また他部署の育児休業レポートを見る。そのような取り組みを続けていくうちに、会社の雰囲気が変わり、パートナーの妊娠が分かると、自然と上司や同僚から「育休はいつ取得されるんですか?」と声掛けが起こるまでになりました。男性の育児休業取得が「特別なこと」から「当たり前なこと」に変わったのです。

厚労省が発表した2015年度の男性育児休業取得は2・65%というなか、2014年は配偶者が出産した男性社員のうち、33%の社員が2週間以上の育児休業を取っています。もちろん女性は100%ですよ。

ワーク・ライフ・バランスは、最強の戦略。会社をボトムアップさせるものとは

こうしてホシザキ東北さんが取り組みを続けてから約10年が経ち、会社の雰囲気がずいぶん変化しました。

それに合わせて会社の売上げも毎年右肩上がりに伸び、ここ4年間、社員満足度調査ではグループ内でもトップクラスを維持しています。

有休や育児休業を取る社員が増え、早帰りも促進していますので、10年前に比べ、1人ひとりの実稼働時間は確実に減っています。

しかしそんな中でも、売上げは景気の追い風にも乗り、この5年間で1・5倍に伸びています。

ワーク・ライフ・バランスが実現でき、仕事に積極的に取り組む人が増えたほか、退社が減り、同じ社員が営業を続けることで顧客の信頼を得るようになった

と感じています。社員満足度も向上し、会社の業績も上がる。企業と社員がW－N－W－Nの関係になっていると言えます。

では、なぜワーク・ライフ・バランスが会社の業績に結び付くのでしょうか。ここまでのご紹介で、わたしがお伝えしたいポイントは、実は出ています。

よく言われることですが、産休育休の対応に迫られる場合には、業務を見直す状況が発生し、仕事の効率化が迫られます。その結果、質の高い仕事が短時間でできるようになり、残業コストも軽減されるでしょう。

でも、こういった要素は、わたしは些末なことだとも思います。

何よりも、〝社員が元気と誇りを取り戻し、会社に強い帰属意識をもてるようになること〟が会社に素晴らしい影響を与えるのではないでしょうか。

愛社精神のある社員だからこそ、会社のために力を発揮できるのでしょう。それに、誰だって、笑顔で自信に満ちた人から商品を買いたいものです。元気な人がいる会社だからこそ、社員は職場が好きになり、職場を守るために力を尽くそうと思うのではないでしょうか。この愛社精神が会社のボトムアップにつながっているのです。高橋さんに尋ねると、高橋さんも「そう信じています」と強く同意されました。

働きやすいイメージが会社の強みに好循環が生まれる。

ワーク・ライフ・バランス改革を成功させ、プラチナくるみんの取得といった〝働きやすい〟イメージを作ったホシザキ東北さん。

では、〝働きやすい〟というブランドはどれほどの効力を持つものでしょうか。

対外的にも、リクルーティングにも効果があり、そして何より社員の団結や意識改革に強い効力があったと高橋さんは言います。

間違いなく好影響があります。営業担当者からも、プラチナくるみんが付いている名刺で成約が取れました、という話も聞きます。

リクルーティングにも好影響です。くるみんマークやプラチナくるみんの認定を受けて、弊社でも多くの学生さんから関心を寄せていただいておりますし、実際優秀な新入社員が入社し活躍しています。

マーク自体の効果も高いと思いますが、わたしが一番大きいと感じているのは、社員の愛社心、会社に対する誇りが高まったことですね。

ゆっくりとした変化こそ本物。続けられるのは間違っていないから

順風満帆に社内改革を成功させたかのように見えますが、道のりは忍耐と根気が必要だったそうです。

一般的に販売会社の場合、メーカー側の規約があることが多く、長期にわたる休業取得のためには、メーカーとの規約を変えなければならないことがあると聞きます。改変の交渉はとても大変でしょう。

また、会社によっては取引先の理解も必要になり、社内だけでなく、社外との交渉も忍耐強くおこなう場合も出てくるでしょう。

高橋さんが取り組みを始めたころは、くるみんマークの認知度も低く、くるみんマークを取得するメリットやその価値を、社内外であまり理解してもらえな

かったといいます。否定的に捉えられることも多く、自社の取り組みが本当に正しいことなのか、不安に思ったこともあったそうです。

でも、素晴らしい結果が出ていることは、明らかですよね。

必ず変われる。社員を信じて

読者のなかには、有給や育休を認めたら、売上げが減ってしまうのではないかと不安に感じる方もいると思います。忙しくて職場環境を変えている余裕なんてない、と取り組む前から諦めてしまっている人もいるかもしれません。

高橋さんはこう言います。


続けられたのは、間違ったことをしていないと思っていたからです。

弊社でも変わることができたのですから、どんな企業でも変わっていけると信じています。休みを取って私生活を充実させながら働き続ける社員が、会社の発展に貢献しています。社員を信じて信念を貫くことが大切なのではないでしょうか。

高橋さんは、プラチナくるみんの申請日、誰よりも先にと、朝一番に役所に届け出に行ったそうです。そして、プラチナくるみん取得の連絡がきたとき、東北で一番といわれ社内に衝撃が走りました。それだけでなく、日本で最初ということがわかり、また衝撃です。社内では、よくぞここまで来たと喜びにあふれ、グループ企業からも注目されています。

会社を良くしたい、みんなが幸せに働けるようにしたい。そういう情熱を持っている社員が1人でもいることは、何より大切にしたい、会社の財産ではないでしょうか。

ずっと働ける会社はこうして作られるのです。

高橋真弓さん（左）と著者（右）

2章

ダイバーシティは“魔法”の言葉

カルビー株式会社

本章でも引き続きダイバーシティや、ワーク・ライフ・バランスの力をお伝えしたいと思っています。そこでもう1社、カルビー株式会社さんに登場してもらいましょう。誰もがご存知「ポテトチップス」や「かっぱえびせん」の食品メーカーです。

カルビー会長兼CEO、松本晃さんは、さまざまなメディアに登場され、その発言が注目を集めています。合理的かつ人道的な発想のもとに辣腕をふるい、カルビーさんの好調な成長を導いている姿は、次世代の経営スタイルとして高い評価を得ています。

その松本会長が特に力を入れているのが〝ダイバーシティ〟と〝社会貢献〟。松本会長は、この2つが車の両輪となって、会社の成長を推進すると強く主張されています。

そもそも家庭的で良い会社。なぜダイバーシティ推進に取り組んだのか

しかしながらカルビーさんは、高い離職率などの具体的な問題があってダイ

バーシティに取り組んだわけではないとのことでした。

2015年、この記事の取材当時、ダイバーシティ委員会委員長だった高橋文子さんと、社会貢献委員会委員長だった二宮かおるさんは、口をそろえます。

会社を変革する大きな問題や、必要性があったかと言われると、多くの従業員は決してそれを感じてはいなかったと思います。

たしかに当時、カルビーの管理職は男性が多く、女性の比率が低かったこともあって、女性の活躍なしには企業は成長しないというメッセージを発信し、ダイバーシティへの取り組みをスタートさせました。

しかし、当時女性従業員は、自分達が活躍していないといったことや、評価されていないといったことは、さほど感じていなかった。仕事も任されていたという認識がありました。

女性活躍という方針が出されて、かえって衝撃的だったくらいです。

そのような社風だったのに、なぜ、松本会長は強い信念をもって、ダイバーシティを呼びかけたのでしょうか。なぜ女性活躍と掲げたのでしょうか。

この謎解きをすることで、先進企業が気づいている、〝ダイバーシティがもたらす影響〟をお伝えしたいと思います。

女性の視点はもともとからあった。昔から優しい風土の職場

松本会長が就任されてからカルビーさんの利益率が大きく上がり、経営体質が改善されたと、様々なメディアで取り上げられました。

もちろん、利益率の改善にはさまざまな要素が関係しており、ダイバーシティの取り組みだけが要因ではありません。

通常、ダイバーシティ導入の経営上のメリットは、「多様な人材を取り入れることで、多くのニーズをつかみ、商品開発力を上げられること」、そして「多様な意見が出ることで、問題解決能力を高められること」などがあげられます。

しかし、高橋さんは、それがすべてではないと言います。

まずひとつ断っておきたいのは、女性の視点を入れるためにダイバーシティを進めたわけではありません。国籍や障がいの有無と基本的に関係なく、多様な「人財」が活躍できる環境こそ、社員が最も成長できる環境だということです。社員が成長することが、会社の成長には不可欠ですから。

実際に商品企画を担当する女性は昔からたくさんいて、男女ともに活躍していました。女性だからと、サポート業務しかやらせないのは、意味がないと考えていたのです。

女性活躍ということで、得られるわかりやすいメリット「女性の視点」は、カルビーさんにとって実はそこまで革命的なことではありませんでした。

著者

高橋文子さん

カルビーさんは、そもそも、知名度に比べて会社自体はそれほど大きくなく、従業員と経営者の距離も近かったと言います。従業員の顔が全員わかるくらいの規模の会社で、昔から非常に家庭的な社風だったそうです。

マタハラによくあるのは、育児休業取得者や復帰後の時短勤務希望者を退職に追い込む、労働環境からの排除です。ところが、カルビーさんは、優しい風土だったので、何かをきっかけに辞めてもらうといったことは、基本的には誰も口にしないし、その発想がないとのことでした。

会社に歴史がある。それでも変えられる力

働きやすく、家庭的でみんな優しい。女性も仕事で差別を感じているわけではない。経営者には優秀な創業者一族がいて、会社を確固たるものとして作り上げてきた。わたし自身、インタビューのために下調べをしたときに、そのような印象を持ちました。

歴史ある会社を変えるエネルギーは、並大抵のものではないはずです。しかし

競争の激化もあり、時代に対応して会社を変えないと、取り残される可能性もあります。

そこで必要になった掛け声が、〝ダイバーシティ〟なのではないでしょうか。この魔法の一声が、絶大な力を発揮するのです。この力によって、カルビーさんは変わっていったのではないかとわたしは考えます。高橋さんは言います。

ダイバーシティ推進と声掛けされたとき、おそらく最初に思いつくのが、女性管理職や女性の活躍です。たしかに、女性管理職の割合を増やすという目標がありました。

ところが、ダイバーシティということで集まって話し合いをするうちに、日ごろ自分が困っていることや、感じていることを、気軽に話せる場面が出てくるようになったのです。

その中で「もっと工場の中を知りたい」といったことや、「他のシフトの人の顔がわからない」といった意見が出て、職場のことや、他の仕事のこと、メンバーのことを知ろうという運びになりました。

また、時短勤務者が集まって話をすると、「もっとがんばりたい」とか、「自分の腕前を活かして仕事をしたい」という発言が出てくる。こういう発言は今までなかなか聞く機会がありませんでした。

従来から結婚後も勤務する方は多く、さらに妊娠しても会社に残って、復帰してまた働き出す人達が増えてきました。そして、時短勤務をする場合、昼間の短時間勤務をするのが当たり前になっていました。

短時間勤務だと工場のシフトに組み込むのが難しいので、仕事内容は、サポート業務や、掃除などに限られていました。

この状態を本人たちはしょうがないと思っていたのです。ところが、その働き方に対して、意見や要望が出てきた。ちょうどポストがなくなってきたので、何かいい方法はないか試行錯誤していたところに、ダイバーシティの取り組みが重なったのです。話し合う機会ができて、雰囲気が変わりました。

現場の努力があった。取り組みのフェーズが変わった

かつて、カルビーさんのある工場では、育休明けで時短勤務を希望する人が多くなったことがありました。そこで、時短勤務者が活躍する方法はないかと色々施策を打ったことがあったそうです。

その時は本人たちのやる気を引き出すことができませんでした。どのような手を打っても、それなりの理解は得られるものの、「今の生活を絶対変えられない」という結果になったそうです。

ところが、そこの製造課長が、時短勤務者全員に面談をしてどんな風に働きたいのかをじっくり聞き、働き方の多様性を認め、丁寧にシフトを作るようにした結果、良い方向に動き出したのです。

今までは時短勤務をする時の選択肢は、「休日は出ない」「何時間以上は働けない」というものでした。しかし、そういう申請をしていた人達が、自ら変更するように申し出てきたと言います。「休日もたまにだったら」「少し残業できます」

と。

そこの工場では、時短勤務者のほとんどが9時から16時の勤務時間です。工場勤務の1直といわれるものが6時15分からなのですが、6時15分から9時までの間は、人がやや手薄になる日が出てきました。そこを誰か働きませんかという話をしたら、「週に1日くらいならできます」というふうに、自分の生活を変え、スキルを活かして仕事で満足を得るというように変わってきています。

ダイバーシティの目的は、「会社のために貢献できる人をいかに働きやすくするか」ということに尽きると高橋さんは言います。

お客様に愛されない会社は継続できない。そのために社会貢献も行う。それと全く同じように、従業員に愛されない会社も継続できない。だからこそ、働き方を整えるのは会社の最も重要な戦略であり、一番の役割だということでした。

愛社精神を育てる。ダイバーシティは魔法の言葉

さて、カルビーさんのようなハラスメントのうまれにくい家庭的な社風を持った会社であっても、ダイバーシティ達成に向けてトップが徹底して呼びかけているのはなぜか、あらためて考えてみます。

たとえば、「業務改善のために現場を見直そう!」「合理化を進めよう!」とスローガンをかかげたとしても、なかなか会社は変わるものではありません。改善の目標があいまいですし、そもそも現場は現在の業務方法を最善だと思い、プライドをもって働いているからです。そして、「業務改善」の掛け声には、従業員の〝会社愛〟を育む力がありません。

ところが、「ダイバーシティを達成しよう!」との掛け声は、従業員目線の、従業員のための目標です。多様な意見を生かしやすくするためにはどうしたらいいか、自分達で考える。その結果、話し合いの機会が増えて、現場主導のきめ細やかな見直しができ、職場に愛着が生まれる。自分達のことだから従業員にも改

革の理念が浸透しやすい。

だからこそ、ダイバーシティの徹底が最も業務改善につながるのではないか、そうわたしは考えます。単に女性の数を増やすという見かけだけのダイバーシティでは失敗しがちな理由がここにあります。

会社愛を養い、当事者意識を喚起する〝魔法の言葉〟が、ダイバーシティの達成である——。おそらく、松本会長はこの「経営戦略」を確信されているのではないでしょうか。

column

column 1

マタハラが話題になっているのはどうして？

２０１５年11月厚労省が発表した速報値調査では、正社員の５人に１人（21・8％）、派遣社員の２人に１人（48・7％）がマタハラ被害を受けたという結果となっており、マタハラはすべての働く女性の身に起こりうる問題といえます。

マタハラは、ほぼ毎日、日本のどこかのメディアやニュースで取り上げられており、耳にした方も多いでしょう。実際ＮＰＯ法人マタハラＮｅｔ代表理事のわたしも、インタビュー対応や講演会の予定に追われており、切実な関心の高さを日々実感しています。

また、米国務省から「勇気ある女性賞」をいただくことができたのも、最も重要な社会問題のひとつだという認識のあらわれではないでしょうか。

わたしをこの賞にノミネートしてくれた在日アメリカ大使館経済部の担当者は、日本外国特派員協会（ＦＣＣＪ）でわたしが記者会見したときに、直接足を運んでくれ、わたしの話を耳にして、この問題は国内外を問わず注目されるべき社会問題であり、解決せずして日本の未来はないと思ってくれたそうです。

では、なぜこれほどまでに「マタハラ」が注目を集めているのでしょうか。

マタハラは日本最大の社会問題＝経済問題

それは、「マタハラ」は単なる女性差別の問題に限らず、〝日本の人口問題〟であり、しかも、〝日本の経済問題〟〝企業の経営問題〟にまでつながる、非常に大きな射程を持っているからです。

受賞の際も国務省から、マタハラは人権問題だけでなく、日本の経済問題だといわれました。労働人口と消費が縮小する日本社会では、マタハラ解決が企業の死活問題になります。このことに時代を先取りした経営者は気づいているのです。

また、男性社員ばかりの会社だと「マタハラなんて俺たち関係ないね」と言うかもしれません。

column

しかし、「マタハラ解決」とは、単に妊娠した女性社員をどう処遇するかだけではなく、「子どもを産みやすく働きやすい会社」にすることです。「社員が子どもを産むこと」と無関係でいられる会社はまずありません。だからこそ、どの会社にも当てはまり、誰もが当事者の問題として、幅広い関心を集めているのです。

マタハラ解決にはすごい効果がある！

そして、何を隠そう、「マタハラ解決」は魔法の合言葉です。マタハラ解決は「女性の切実なニーズ」に裏打ちされた、女性のため、ひいてはすべての労働者のためになる〝いいこと〟です。〝いいこと〟は人を動かします。人が動くと組織が動き、変えられなかった会社の体質が変わり、仕事の効率化、業務改善、人材活用、会社のレベルアップにまで一気につながります。

経営という数字で見られるところだけでなく、みんなの幸せという、数字化しないところまでしっかり届く。そして社会や組織を動かす力が非常に強い。変えられなかったものを変えられる。

だからこそ、「マタハラ」はいま注目を集めていると断言できます。

3章

100人100通りの働き方
——テクノロジーを使いこなすのは、チームワーク！

サイボウズ株式会社

人材の移動が激しいIT業界とはいえ、離職率28％という危機的状況にあったサイボウズ株式会社さん。

現在は、働き方改革に成功し、ブラック企業という評価はもはや遠い過去のもの。離職率は2013年には4％を切るまでに大幅改善に成功し、働き方改革の旗手として、高い評価を得ています。

特に最長6年の育児・介護休業制度を始めることで、妊娠を機にした退職が激減し、青野慶久社長も育休を取得して3児を育てるなど、働きやすい会社、イクボスとしての評判は高まるばかり。

サイボウズさんと聞くと、事業内容でもあるグループウェアやwebサービスを使った革新的なソリューションを思い浮かべます。

でも、ソフトウェアを使うのは人間です。サイボウズさんのような働き方のためは、高度なソフトがあるに越したことはないかもしれませんが、やはり大切なのは、現場の努力、「チームワーク」です。

この章では、「100人100通りの働き方」はどのように達成されたのか。サイボウズさんのミッションである「チームワーク向上」の秘訣は何か。これを、現場で実際に改革にたずさわった、事業支援部門の中根弓佳さんの発言をもとに紹介します。

サイボウズ式　その1
時間も場所も自由＝9つの働き方

よくマタハラの被害者が言われているのが、「こんなに会社が忙しいのに妊娠するとはなにごとか！　無責任だ！」というセリフです。

しかも、忙しいから休めないのに、「さあ、バリバリ働きますよ」と復帰しようとすると、「あなたの戻る場所がない」と言われることはよくあります。あげくのはてには、育児勤務しながら変わらず成果を出しているのに、降格扱いもザラ。このような矛盾ともいえる扱い、あなたの身の回りにもありませんか？

こういったトラブルは、個々の就労希望に応える環境がないから起きているように、わたしには思えます。

サイボウズさんは、現在、どの部署でも人手不足。だからこそ、妊娠した人にも働きやすいように工夫し、「ぜひ復帰してほしい！」と熱望しているそうです。

サイボウズさんでは、人手不足だったからこそ、時間や場所の制約を見直し、できるだけ個人のライフスタイルに応じて柔軟に働ける制度を整えました。忙しくマタハラが起きやすい職場でも、やり方を変えれば、働く女性がもっとも生きる場所にもなりうるのです。

中根さんはサイボウズさんの働き方についてこう教えて下さいました。

産前休暇は妊娠判明時から取得可能としています。つわりがあまりにひどい時は、休職することも可能です。在宅ワークや、時間をずらして働くなど、できるだけ柔軟に対応しています。

人によって生産性の上がる働き方は異なるので、個人の希望に対応できるのが理想的だと考えています。

それを可能にするのが、「9つの働き方」というワークスタイルです。縦軸と横軸は、時間と場所の分類です。この表の中から、ふだん働きたい該当箇所はどこか選択してもらっています。

9分類といっても中身はいろいろなので、具体的に教えてもらうようにしています。たとえば、「9時から17時半の勤務時間を基本にします。ただし、仕事が残っていたら、多少自宅で仕事をします」というように。

こうして、チーム全体が本人の就労希望を把握でき、仕事の割り当てがやりやすくなるようにしています。ちなみにサイボウズに多い働き方はA1です。平均年齢が33歳くらいと若く、オフィスワークを重視する方は多いです。

このように普段選択している働き方から、一時的に違う働き方をできるのが、「ウルトラワーク」という制度です。

たとえば、歯医者の予定を入れたい場合に、丸1日休みを取るのは非効率です。1時間で

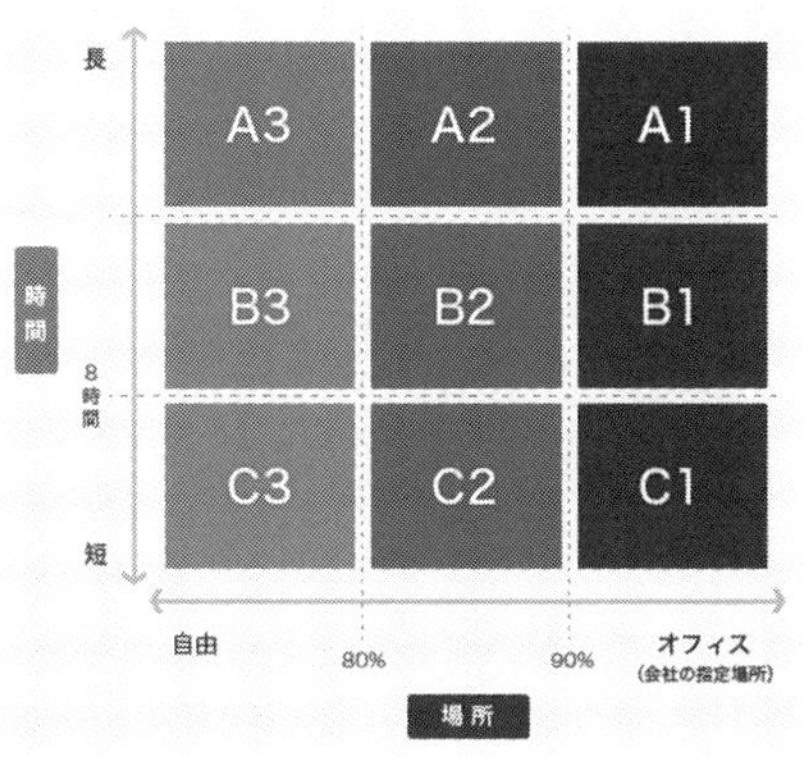

9つのワークスタイル

治療をすませて、それ以外の時間は家で働くようにする。それがウルトラワークです。

このとき、「今日はウルトラワークします」と公開スケジュール上で連絡し、上司が確認したうえで実施します。公開スケジュールなのでチームメンバーも把握できます。そこがポイントですね。

サイボウズさんの働きやすい環境づくりのポイントは、とにかく予定と仕事の進行をオープンにして共有し、コミュニケーションをとること。ずばり、「チームワークの向上」です。

短時間であっても、場所が在宅であっても、性別や家庭環境とはまったく関係なくワークスタイルを選べ、シェアできるように工夫する。

この制度の狙いを、青野社長は、「世界中のチームワーク向上に貢献する」というサイボウズの理念と重ね合わせます。

この経営理念を目標とする以上、せっかく採用したのに、ワークスタイルが合わないからと退職するのは不本意だし、本当にもったいない。できるだけ復帰してもらったり働いてもらった方が効率がいい、と青野社長は言います(『チームのことだけ、考えた。』165ページ)。

サイボウズ式 その2 オープンかつ緻密な人事評価

さて、自由な働き方ができるとなると、気になるのは評価制度です。勤務時間が短い(ように見える)ほかの人が、自分よりも評価されていそうだったら面白くないですよね。

そこでサイボウズさんは試行錯誤を繰り返しながら、評価制度を練り上げていきました。

サイボウズさんが気づいたのは、公平な基準をめざしても誰かにとって有利不利が生じることと、評価のグレードをつけると、社員をカテゴライズして比較しあうことになって不満が生じる、という問題です。

そこで取り入れたのが、「市場価値」「社内の信頼度」という2つの指標をもちいた評価方式です。サイボウズさんの評価制度について、中根さんはこう紹介します。

個人によってそのスキルや働き方も異なるので、すべての評価状態をグラフ化するのは極めて困難です。

さらに、市場は常に変化していますので、毎年議論をしながら個別給与を決定するようにしています。

サイボウズの給料の決定軸は、大きく分けて2つあります。

1つ目は、市場価値を指標にしていることです。ごく簡単に言うと、「いくらで転職できるか」分析しているということですね。

2つ目は、社内の信頼度という指標です。

さきほどの市場価値には幅があります。転職市場では、A社なら500万、B社なら400万といった具合になっています。その幅のなかでどこに位置づけられるか、絞り込むイメージで社内信頼度を用いて評価しています。

この社内の信頼度は、「action5+1《アクションファイブプラスワン》」という指標で測ることにしています。指標になるのは、次の5つのアクションスキルです。

①あくなき探究 ②心を動かす ③知識を増やす ④不屈の心体 ⑤理想への共感
これらを評価対象にしています。

我々はこれに加えて、「プラス1＝公明正大」を重視しています。チームで仕事をする以上、お互い信頼関係が必要です。その基礎となるのが、公明正大であると考えています。

実際には次のような評価プロセスになります。

市場価値について、人事は中途エントリー者のデータを常にチェックし、あらゆる市場のデータを分析するそうです。そうやっておおよその市場価値の幅を把握し、そこに信頼度や、チームへの貢献度などの評価が加わります。

この信頼度の評価ですが、サイボウズさんでは、「定性的なデータで考える」ことにしているそうです。

一般的には、能力への評価は、「このスキルに対してはこれぐらいの評価得点」というように数字化された対応関係（定量的なデータ）で測ります。

ところが、サイボウズさんは、過去に数値化、定義化を厳密にしようとして失敗したことがあり、その方法はとらなくなりました。

ポジションに必要なスキルを全部書き出して細かい段階に分けても、細かすぎて使えない。あるスーパーパフォーマーの一部のスキルが突出していて、項目では測れないが、市場価値は高い。給与は上げるべきだがその評価ができない、という状況があったそうです。

そういうこともあって、評価を数値化したり、共通基準を細かく可視化することはやめた、ということでした。

半期ごとの振り返りで評価する。メンバーの活躍先を考える細やかさ

人を評価するときは、数字化できる評価を避けて、周囲のコメントを参考にする。ただし、360度評価では、さまざまな意見が入ってしまい、公平感よりも基準のあいまいさが表に出てしまう。

そこで、サイボウズさんでは、上司のコメントなどのフィードバックを本人に見せながら、半期を振り返って評価するようにしたそうです。あらかじめ会社か

らのミッションを設定し、その目標達成のために必要な行動や身に着けるべき知識を相談して決めます。それを半期の後に振り返る、という評価スタイルです。

このように自由に働くことができ、その仕事を正確に評価するシステムを整えれば、社員全員をフル活用することもできるでしょう。

中根さんはこんな印象的な話をしてくださいました。

つい先日、非常に優秀な女性が休みに入りました。正直に言うと、仕事の負担がかなり大きくなり、現場はきついです。

だからこそ職場では、大変になるけどみんな頑張ろう、これをきっかけに業務を棚卸し、不要なものを削り、標準化、可視化、共有化を進めよう、後輩メンバーにとってはチャンスだと思っていこう、とコミュニケーションしています。

また、その女性側も、「周囲で自分の仕事を分担できるなら、復帰すると仕事がないんじゃないか、復帰したらどのような仕事ができそうかな」と尋ねてきてくれたので、いくつか将来的に検討したいと思っていることについて話しました。彼女は課題が満載であることに安心したようです（笑）。

復帰者へ頼みたい仕事を常日頃から考えている。中根さんのこの細やかさに、わたしはとても感動しました。

多くの会社では、育児休業取得者は、居なくなったような扱いをされる場合が多いものです。忘れられたような扱いをされると、復帰に不安も感じますし、もともとの働き方にあわせられないと、会社に負担をかけていると思ってしまう。いわゆる「やめスイッチ」が入ってしまうのです。復帰後の離職者が挙げる理由として、「就業時間が長い」「勤務先の両立支援制度が不十分」という理由が依然として多くなっています（「育児休業制度等に関する実態把握のための調査」平成25年度版）。

復帰者によりそってくれる職場が少ないと常日頃耳にしていただけに、サイボウズさんの話はとても新鮮で驚きました。

どんな希望でも聞ける。だから濃いコミュニケーションができる

ここまで紹介してきて、サイボウズさんがチームワーク向上のために、丁寧か

つ緻密に制度を構築していることをお伝えできたと思います。

わたしが考えるサイボウズさんの強さとは、〝すべての希望をかなえられる環境がある〟からこそ、〝とことんコミュニケーションしあえる〟ことです。

中根さんは言います。

「不満を抱えこまずに、問題があったらぜひ教えてください、制度の理想を説明します。でも意見を聞いて、確かにその通りだと思ったら変更も検討します」と丁寧にコミュニケーションを続けるように心がけています。

会社の大きな変革の中では、わたし自身も疑問を感じたり、やってみたりした結果、さらに変え

サイボウズさんのオフィスで

ていったほうがいいなと思ったものもありました。
たとえば、短時間勤務の女性の給料の上昇幅についてはある程度決まった枠の中で行う、となったのですが、やってみた結果やはり違和感を覚え、意見を出し合って変えました。

新しい制度は試験運用するようにしています。評価制度をどうするか、在宅勤務のセキュリティをどうするか、さまざまな問題がありますが、それを1つひとつ解消していきました。

こうした丁寧なコミュニケーションの重要性に気づき、この気づきからサイボウズさんのグループウェアがブラッシュアップされているからこそ、業界トップのシェアを誇るほど利用されているのだと、再認させられました。

4章

主婦大歓迎の成長戦略
——みんな幸せになる方法

株式会社旅館総合研究所

株式会社旅館総合研究所さんのホームページには、「主婦の方大歓迎！」と謳われた求人が掲載されています。

マタハラＮｅｔの相談者には、会社が子育て中の主婦を敬遠した結果、退職せざるを得なくなった人がたくさんいます。子どもが病気になって頻繁に会社を早退するような人は仕事で使いものにならず、そういう人を「甘やかす」と示しがつかない、こう会社側が考えるからです。

こういった「常識」がはびこる中で、旅館総合研究所さんはなぜ「主婦歓迎」と謳うのでしょうか。また、主婦の方に活躍してもらうための秘訣は何でしょうか。サイボウズさんに続いて、人材を生かすノウハウと、それを支える経営理念をご紹介いたします。

旅館総合研究所さんはこんな会社

まず簡単に会社をご紹介しましょう。旅館総合研究所さんはクライアントである旅館やホテルに代わって、インターネットで宿泊プランなどの商品提示をしています。旅館の経営者は高齢の方が多く、インターネットを使ったPRなどはあまり得意ではありません。そこをお手伝いする仕事です。

基本的に、旅館やホテルのパソコン作業を代行することが多いため、根気よく正確に仕事をする能力が必要です。

加えて、急なイベントに合わせた宿泊プランの提示など、〆切に間に合わせるスピードも大切だということでした。

この仕事には、主婦の方が向いていると重松正弥社長は感じたそうです。もちろん男性社員も勤務していますので、性差による能力の差を言いたいわけではありません。

重松社長は、人材を採用しながらいろいろ考えていたところ、バツグンに仕事ができるのは

著者

重松正弥社長

子どもを持つ主婦であると気づいたと言うのです。これはいったいどういうことでしょうか。

子どもがいると、時間に限りがあって、遅くなる前に何が何でも帰らなくてはならない。そうすると、時間にシビアになって、仕事が効率化できる。仕事の期限を明確に意識し、「絶対に終わらせる」という意識が非常に高い。そうした傾向があると気付いたのです。

さらに、主婦の方々の仕事ぶりは、重松社長に〝仕事効率の重要性〟について開眼させます。その結果、残業が慢性化していた企業体質が変わってきたのです。

効率のよい彼女達の仕事ぶりを見ているうちに、残業をしようがしまいが、あまり業務の質に変化はないと気づきました。

１００点の資料でも80点の資料でも、その資料が生み出す成果が同じであれば、80点の方が作業量は少ない。「夕方5～6時までに終えられる仕事を、残業してずるずる引き延ばしているだけなのではないか」という感覚が、わたしの中で芽生えてきたのです。

また、当初は基本給に残業代を含む給与体系を採用しており、慢性的に残業が続くようになっていました。社員にはパソコンを持たせ、家でも仕事をさせたのです。

2008年の創業から3〜4年目までその状態が続き、「健全ではない」と感じていました。

子どもが毎日熱を出すわけじゃない

会社の雰囲気を良くするためには新入社員を採用することが効果的という話を聞きますが、きっと主婦の方も良い影響力をもっているのでしょう。

また、重松社長が主婦の方を採用したいもう1つの理由を教えてくれました。日本国内の企業のうち、中小企業は99％以上と言われます。その多くの会社が、〝いい人〟を採用することが難しいと感じているそうです。

高い給料を払ってあげられるわけでもなく、キャリアをつくってあげられるかは分からない。そんな中で「いい人を採用しよう」と思ったら、需要と供給の関係から主婦の方に入っていただくのが最適だと重松社長は考えています。

世間一般的に見ると、主婦の方に対して、「子どもの発熱などで、仕事に穴を開けられる不安がある」といった悪い評価が多い。

しかし、子どもは毎日熱を出すわけではありません。たとえ月に1回、子どもの看病で帰ることになっても、それ以外の19日間しっかり働いてくれるのであれば、メリットの方がはるかに大きいのです。

重松社長は、社員の子どもが熱を出した場合、有無を言わさず帰宅させます。また、育児しながら働く人は時短勤務が一般的に多く、退社時間も夕方4時半ごろになっている場合が多いものです。早退や時短勤務、いずれの場合も、仕事をサポートする人が必要になってきますが、その仕事の穴を埋めるためにできたのが、「ペア制度」です。

例えば、1社のクライアントを社員1人が担当するという「1対1対応」ではなく、ペアを組んで「複数対複数」で仕事を担当します。Aという旅館をメインに担当しつつ、Bという旅館もサブで担当するというように、複数人で受け持つイメージです。担当者が変わると取引先から信頼されないように思いますが、重松社長はそうではないと言います。

ペア制度で仕事を進めていくうちに、決められた期日までに業務を終わらせられれば、担当を分担してやることに問題はないことが分かりました。

女性3人のうち、子どものいない1人は夕方6時まで働いています。弊社では、基本的には仕事は夕方6時まで。それより早く退社する主婦社員2人は、退社するタイミングで仕事が残っていた場合に、他の社員に引き継ぎをします。

さらに、引き継ぎをしなくても済むよう段取りできるようになっています。穴が開くことを前提として仕事をするのではなく、そもそも穴が開かないように全体を調整できるようになってきたのです。

効率化と業務の見える化によって、〝新しい仕事のやり方〟が見えてきて、会社として進化してきたなと感じています。

こういった業務改善を支えるのが、「チャットワーク」と「朝メール・夜メール」といったツールです。重松社長は理系出身ということもあり、業務を合理的かつ効率的にできるものは積極的に導入しました。簡単にご紹介しましょう。

メールの代わりに「チャットワーク」進行確認に「朝メール・夜メール」

「チャットワーク」は、メールの代わりの連絡手段として導入しました。メールだと案件のカテゴリーが分かりづらく、大事なメールが埋もれたり確認漏れが生じたりするリスクがあります。

対して、チャットワークは、クライアントごとにウェブ上の掲示板に書き込んでいくイメージです。チャットワークは案件が一目で分かるだけでなく、誰宛てに来たものかも表示されます。テーマごとに絞って、使いやすくカスタマイズすることもできます。また、忘れないようにタスクを追加する機能もあるので、仕事の締め切りも見落とさなくなったそうです。

「朝メール・夜メール」とは、ワーク・ライフ・バランス社さんが提唱している連絡テクニックのことです。

朝メールでは、毎朝決まった時間に、予定している業務と、〝朝の一言〟を書くようにして、上司や部下と仕事予定を共有します。朝の一言は何でもよく、自宅で飼っているうさぎのことや、幻の日本酒を見つけたといったことなどを自由に書きます。

夜メールでは、朝メールで予定した仕事のうち、実際に進んだ仕事の内容を明確にして報告します。

この連絡方法で常に仕事状況をオープンにすると、誰が何をやっているか比較的簡単に把握することができるというわけです。

仕事をＴｏｄｏリストに書き出す習慣を持っている人は多いと思いますが、仕事の段取りを周囲の人にも「見える化」することで、終わらせなければと緊張感が生まれ、いつもよりも高いパフォーマンスが発揮できるようになるというわけですね。

一方で、旅館総合研究所さんは、仕事の引き継ぎについてはアナログな方法を大切にし、朝礼と夕礼で顔をあわせて行っているそうです。

会社の将来を動かす仕事ができる。みんなが幸せになっている

このように、多様な人材（旅館総研さんの場合は主婦）の活用を入口として、会社全体が好循環のサイクルに入りました。

では、仕事の仕方が変わることによって、会社の業績や社員の幸福度はどう変わったのでしょうか。重松さんは自信を持った表情で答えてくれました。

主婦の社員に活躍してもらっていますので、マタハラなんて言葉はそもそもありませんし、これからもないでしょう。でも、特別なことをしている意識はなく、当たり前のことをしているだけです。

仕事を効率化することによって、これまではわたしが担当していた基本的な業

務を他の社員達に任せられるようになり、会社の将来を動かす仕事を外に出て行うことができるようになりました。経営状態はまだバラ色ではありませんが、会社としては堅実に成長できています。

それに、人材の定着率が劇的に改善されました。残業があったころに比べても、全体の仕事の質がよくなっています。これも明らかな変化です。

そして、わたしを含め、社員が生活もちゃんと楽しめている。

みんなが幸せになっています。

みんなが幸せになっている――最高の言葉です。旅館総合研究所さんからこの言葉を聞いた時に、これこそが会社を強くする経営方法だと確信しました。

また、働きやすさだけでない、中小企業ならではの魅力についても、主婦のメンバーで、取締役を務める岩澤優花さんの実感をお聞きしました。

弊社は確かに働きやすい風土が魅力になりました。

ですが、わたしが最も魅力的に感じているのは、仕事が進むスピードです。

これまで経験してきた他の会社だと、職場の中には担当業務ごとに「島」があって、そこに1人ずつ部長が座っていました。1つの物事を決めようと思ったら、稟議書を出して上長に承認を得る必要があり、時間がかかりました。

子どもを産んでこの会社に入ってからは、色々なことが素早く決まる面白さを実感しています。

たとえば、わたしが担当しているお客様の旅館にテレビ取材が入るという「絶好のチャンス」がありました。

すぐにテレビ放映記念プランを企画し、お客様に提案して承諾をもらい、次の日には社内で確認、その日のうちにネットで宿泊プランを販売することができたのです。テレビ放映があったのは、販売開始の次の日。その放送日だけで多くの予約が入り、宿の売上げに貢献しました。

わたしはもともと旅行業に携わりたいと思っていたのですが、子育てをしながら、週末勤務の多い旅行業現場で働くのは難しく、この会社の仕事が自分のライフスタイルに合っていると感じています。

もしこの会社を辞めて大企業に行ったとしても、子どもの発熱時になかなか休めないような環境では苦労すると思います。

岩澤さんの言うように、主婦の方や一度離職した女性の方が、働き甲斐を感じることができる職場、力を発揮できる職場は、実は日本にはたくさんあるのではないでしょうか。重松社長は、主婦の力に注目している経営者は多いとも言っていました。

たしかに、子育て中の主婦が、責任感が強くて、力を発揮しやすいという傾向があるかもしれません。その力を引き出すのは職場環境、ひいては経営者です。

重松社長が、ダイバーシティの実践の中で行っていたのは、「経営者自身が成長し変化すること」を通じて、「人材を最強のカードにする」方

著者（左）と重松正弥社長（中央）、岩澤優花さん（右）

法だった、とわたしは思っています。

だからこそ、みんな幸せに働くことができ、構造的な不況が指摘されて久しい旅行業界でも、堅実な成長を続けられているのではないでしょうか。

column

column 2

企業規模を問わないみんな幸せになる方法

マタハラＮｅｔにはこんなお叱りの声が届きます。

「子育てする女性だけが優遇され不公平だ」「仕事もろくにしない、権利ばかり主張するワガママな女性社員を増やすだけだ」「産休育休などを認めて休まれてばかりでは、会社の業績が悪化する。職場は仲良しクラブじゃないんだぞ！」

しかし、マタハラ解決は単なる「女性の優遇」「慈善事業」などでは決してなく、確実にこれからの企業の明暗を左右する〝経営問題〟であることは、繰り返しお伝えしたいことです。

マタハラがなくて当たり前の〝先進企業〟に取材にいくと、実際にどこの企業も揃って業績が上がっています。

「もっと広いオフィスに引っ越さねばならなくなった」「社員が会社を辞めなく

なった」「もっと多くの社員を雇う必要が出てきた」「メディアからの取材が急増した」など、聞くのは嬉しい悲鳴ばかり。

「それは大手企業の話でしょう。うちのような中小零細企業では、育児中の女性を雇う余裕などありゃしない」すぐさまそんなつぶやきも聞こえてきそうです。

しかし、実際は正反対です。

優秀な男性は大企業に取られてしまっても、優秀な女性は、子育てしながら働き続けられる職場環境を求めて、企業の大小を問わずに入社する傾向があるのは本章で見た通りです。

インタビュー先の企業さんが口をそろえるのは、「子どもがいる主婦は、時間管理がシビアで、責任感が強く、仕事効率が高い」ということでした。もし先入観で女性採用を見送っているのであれば、それは非常にもったいないことです。

企業の大小にも関係なく、経営戦略として検討すべきメリットがある。それが、「マタハラ解決」＝「子育てしやすい職場づくり」なのです。

5章
子どもがそばにいる職場
——２歳児以上の子連れ出勤

ソウ・エクスペリエンス株式会社

保育所不足や子育て中で、職場復帰できない母親の数は約101万人と言われています（総務省「労働力調査」平成26年版）。

わたしの知り合いにも、経済的な事情で職場に復帰する必要があるものの、保育園を6園入園審査を受けてどこにも入れなかった方がいます。遠方の無認可保育園に預けることになり、送迎だけでも一苦労で、職場には走ってやっと間に合うぐらい。本当に大変だったと言っていました。

保育園に子どもを預けられない場合のソリューションとして、にわかに注目を集めているのが、〝子連れ出勤〟です。その中でもパイオニアとして知られるのは、「モーハウス」さんと「ソウ・エクスペリエンス」さん。

本章では子連れ出勤の実際を、まずはソウ・エクスペリエンスさんの勤務風景を通じてご紹介いたします。

「体験」「経験」を大切にする会社。気負わないで始めた子連れ出勤

その前に、簡単に会社紹介です。株式会社ソウ・エクスペリエンスさんは、体

験ギフト販売のパイオニアです。子育てなどの体験から生まれた商品もあるとのことで「体験」や「経験」を何よりも大切にされている会社です。

さて、案内人となってくださるのは、商品企画や広報を担当する関口昌弘さん。関口さんは、気負わないで制度を始めたのが良かった、と言います。

そもそもの始まりは、代表の西村琢がある日突然自分の子どもを連れてきたことでした。当時は10人くらいの職場だったので、「あ、連れてきたの」というような自然な反応です。

本格的に取り組むきっかけになったのは、人手がどうしても必要な時に、子育て中で休職中の友人に手伝ってもらおうと声をかけた時ですね。

彼女は、子育てが意外と暇で、時間を持て余し、悶々としているから働きたい、と言っていました。じゃあ、子どもを連れてきてもいいから、仕事をして下さい、ということになったのです。

ソウ・エクスペリエンスさんの子連れ出勤見学会に参加された方には、気楽に子連れ出勤してもいいのか、会社に準備はないのか、保育士はいなくていいのか……など、構えてしまう方もいるとか。

でも関口さんは、導入にあたって特別な設備を用意することはなかったと言います。土足禁止エリアに、子どもが寝転がれるスペースを設ける。自由に行き来できるけれど、一応柵を取り付けて子どもスペースを明確にする、といった程度で十分だったということでした。

オフィスの子どもたち

企業内保育園をつくるためにはお金がかかりますし、その制度は子どもが居続けないと存続できません。弊社のような規模であれば、子連れ出勤という選択肢はとても有効だと思います。

導入段階での準備は、家庭で気を付けている程度で十分です。

子どもの目線ではコンセントが身近にありますから、それを段ボールで覆ったり、机の角にプチプチを張ったり、手の届くところに刃物を置かないなど。

子連れ出勤制度を取り入れると、従業員の中から、子どもがいるとうるさくて集中力が切れたり、電話応対やお客さんとの真剣な商談の邪魔になる、という意見が出てくるかと思います。弊社も別フロアがありますので、それを利用するようにしており、十分間に合っています。

子どもがいると雰囲気が変わる。コミュニケーションが密になる

ソウ・エクスペリエンスさんは、子連れ出勤をある種必要に迫られつつ自然に取り組み始めてみたところ、予想以上の素晴らしい効果を実感したとおっしゃいます。

まず会社の雰囲気が変わったそうです。子連れ出勤ではないスタッフも、オフィスの雰囲気は圧倒的に良いですと口をそろえます。「子どもがいることで笑顔が絶えなくなりました」とみなさん絶賛していました。

そしてコミュニケーションが本当に良くなるとのことです。

たとえば、子どもにお客さんからのお土産のお菓子をあげるときに、「これ食べさせてもいい？　アレルギー大丈夫？」と必ず親に一声かけてくれるそうです。そういう環境があれば、コミュニケーションが密にならないわけがありませんよね。

もう1つ重要なメリットは、リクルーティングがやりやすくなること。

一度、弊社内のベビーブームで、数名休職したことがありました。「人がいなくて大変だ、新規採用どうしよう、マッチングするかわからない」という状況です。

新卒採用をして新人を育てながら現場を回す、ということはまだできません。できることなら戻ってもらうのが一番変化も少ない。企業にとっては人材確保の面で子連れ出勤は確実にメリットがあります。

復帰圧力にはならないように。子どもの嬉しい反応

同時に関口さんは、「子連れ出勤してもいいから仕事して」ということが、復帰圧力になってはならない、と言います。

取材当日に子連れ出勤していたスタッフは、会社に来ることで子どもがいろんな人に接することが嬉しく、また、子どもから離れられる時間を持てることも子育てには重要だと言います。

また、子連れ出勤している望月町子さんは、10年間会社員としての生活が体にしみついているのだから、子どもができてもなかなかそれを変えることは難しく、働けることが嬉しい、ということでした。

このように、会社にもスタッフにもメリットが多い子連れ出勤。でも子どもの立場に立つとどうなのでしょう。

まず気になるのが保育園との比較です。関口さんはこうおっしゃいます。

教育効果という点では、科学的に証明することは難しいでしょうし、良し悪しを判断することはまだできません。スタッフが勉強を教えてもいいね、と話したりしています。特別教えなくても、いろんな言葉を覚えたりしていますし、大きくなったら幼稚園に入れて、幼稚園は午後2時に終わりますので、それから子連れ出勤をする、ということも考えられます。

保育園では規則正しくお昼寝の時間などがあります。弊社でも、慣れてくると一定のリズムが出てきて、保育園のように決まった時間に昼寝をするようになりました。

保育園のように社会性が出てくるのは、会社も同じ。なにより、こうしてお話をお伺いしている横でも、子どもが楽しそうに遊んでおり、スタッフから「もう少ししたらおやつ食べようか」と話しかけられているところを見ると、子どもも幸せそうでした。

最後にご紹介したいのが、子連れ出勤者とそうでないスタッフとの待遇面での差についてです。

ソウ・エクスペリエンスさんの立場としては、「頼んだ仕事をこなしてくれているるし、別に迷惑が掛かっているわけではない」から、給与面ではほかの社員と同じでも問題ない、と考えているとのことでした。

しかし、先述の望月さんは、授乳に必要な時間も長く、子どもがぐずって仕事にならない日もあり心苦しかった、と言います。そのため望月さんは、２割の給与減額を申し出たのでした。

その対応をブログで公表したところ、子連れ出勤制度を設けることで労働力を安く買いたたくことになるのでは、という意見が寄せられたそうです。

しかし、望月さんは心理的負担がなくなり、子育てに集中できて本当によかったと言っていました。

確かに、育児中の勤務者を手厚く待遇することで〝逆マタハラ〟を引き起こしかねません。当事者がどのようなことを負担に感じるか、よくコミュニケーションして、個別に対応することが必要なのでしょう。

子連れ出勤というソリューションから子どもがそばにいるカルチャーへ

ソウ・エクスペリエンスさんが主宰する子連れ出勤見学会をご覧になって、「わが社でも始めよう」と言ってくださる企業は少なくないそうです。1つのソリューションとして、検討する価値は確かにあるでしょう。

さらに、もう少し別の角度からも、わたしは素晴らしいと思いました。単に子連れ出勤を保育園の代わりとしてとらえるのではなく、会社や人生に喜びを生むものとして、もっとポジティブにとらえられると思ったのです。

子どもは刻一刻と変わり、成長します。その姿はとても感動的で、コミュニティに活気を与えてくれるものではないでしょうか。わたしの友人の男性社員は、長期の育児休業を取得し、子育ての感動を伝えてくれました。

2ヶ月のとき、はじめて子どもが自分の手を発見した時の、その不思議そうな顔。じっとこぶしを見つめるしぐさがとてもかわいかったそうです。それから指しゃぶりがブームになって、毛布をパタパタ振るのが好きになって、目を合わせると大喜びして、手足をバタバタさせるそうです。

子どもの成長は早く、だからこそ、どの瞬間もかけがえのない発見と感動に満ちている、そう言っていました。

同様に、ソウ・エクスペリエンスさんを取材して感じたのは、子どもに対して、「こんなことができるようになったんだねぇ」と感動を口にする人がたくさんいることでした。

会社で子どもがそばにいる。子どもがそばにいることで動き出す何かがあり、変わるものがある。思えばずっと長い間、どの国も、子どもが働く大人のそばにいるのは当たり前の光景でした。関口さんが思わず繰り返していた、とっても印象的な言葉があります。それは「面白い」という言葉。

子どもがそばにいると、本当に面白いんですよ。こんなに連続して子どもの成長をみるのは面白い。子どもって本当に面白い。純粋に面白い。会社のためになるから勧めるというのは実は後付けの部分もあって、とにかくオススメしたいくらい、面白いんです。子連れ出勤、やってみてほしい。

仕事は厳粛に、ミスのないように行うものと考えられています。遊びとも私生活とも違う、厳しいものだと。確かにそうです。そして、子どもが苦手な人もいて当然でしょう。

でも、社員の子どもがそばにいて、社員の笑顔が絶えなくて、その喜びとエネルギーが会社を動かすエネルギーになり、商品開発のアイデアも生む——この可能性について、想像してみる価値はあるのではないでしょうか。

ソウ・エクスペリエンスさんが教えてくれたのは、この「子どもがもつ無限の可能性」でした。

スタッフにだっこされる子ども

6章

お母さんたちを応援
――子連れ出勤の可能性は無限大！

有限会社モーハウス

子連れ出勤のパイオニア、有限会社モーハウスさんにも子連れ出勤のメリットをおうかがいしました。

今回ご紹介するお話で、子育てしながら働けるメリットや課題が、ソウ・エクスペリエンスさんとかなり近いことをお伝えできると思います。

そして、やはり今回もお伝えしたいのは、「子どもが関係することの可能性」です。

お母さんを応援するモーハウスさん。子育てはもっと楽しめる

まずはモーハウスさんのご紹介から。茨城県つくば市にある、授乳服のメーカーさんです。電車の中でもどこでも授乳ができるよう、スリットが入った服を代表の光畑由佳さんが開発したのが始まりです。

光畑さんはご自身の経験から、電車内でもどこでも授乳できるように、お母さんの肩身の狭い思いを少しでも減らせるように、と会社を立ち上げたそうです。お母さんのためにと創立された会社ですので、従業員は子育て中のお母さんが

ほとんど。自然と子連れ出勤が始まりました。1997年からスタートし、これまで300人近くのスタッフが子連れ出勤を経験しています。オフィスだけでなく青山にある店舗でも子連れ出勤できるため、スタッフはとても助かるそうです。

年齢は、乳幼児の0歳から2歳くらいまでの子どもを対象にしています。

2歳がひとつの目安になっているのは、子ども同士の集団行動も経験させたいと考える方が少なくないからです。2歳以上の子どもも臨時的に連れて来られるようになっています。

気になるのは、子どもがいると仕事に

子連れ出勤の風景

ならないのではないか、ということ。
モーハウスさんを見学に来た方が驚かれるのは子どもの静かさです。お母さんと一緒にいて、いつでもおっぱいを飲めるので、赤ちゃんはほとんど泣いて訴える理由がないのです。
ただ、子どもの面倒を見なければならないので、どうしても仕事時間が減り、消化量は減ってしまいます。そうなると誰もが同じ待遇では不公平になりますし、子連れ出勤の方が気兼ねなくお世話ができるようにと、1時間のうちに10分間のお世話時間を取れるようにしました。広報の加藤真理さんは言います。

わたしは子どもが2人いて、土曜日に連れて来ています。おむつを替えたり時間をとられるので、そうやって子どものための休憩を認めてもらえると、「ああ、全然仕事やれてない！」と切羽詰まらず、「取りあえずおむつ替えてから仕事しよう」と考えられるので、心理的負担は減りますね。

こういった課題や当事者の心理は、ソウ・エクスペリエンスさんも同じでしたね。実際、ソウ・エクスペリエンスさんは、モーハウスさんにアドバイスをいただいたようです。

子連れ出勤に〝特別〟はいらない。シフト作りは丁寧に

加藤さんは、ソウ・エクスペリエンスさんと同じく、子連れ出勤のためにハード面で何かを用意する必要はなかったと言います。布団が敷けて寝られる場所があれば大丈夫。おもちゃは、使わなくなったものが自然と集まりました。音が出ないものや、誤飲の心配がないようなものを使うように気をつけているそうです。どちらも、一般家庭で気をつけることと同じで、会社の予算を使って特別何かが必要になるわけではありませんとのことでした。

ただ、子どもの人数が多くなると、少し大きい子に押されて転んだりするといったハプニングが起こりやすくなるので、多くても2～3人になるよう、シフトで調整しています。

でも育児中の勤務者のシフトは、時短勤務やお迎えなどがあり、組み方が難しいのではないでしょうか。シフトの工夫について加藤さんは教えてくださいました。

基本的にはモーハウスの働き方はパートタイムです。週3〜4回働き、休みの日は小学校の行事や幼稚園の行事に行くというスタイルです。

月に1回シフトを組むのですが、幼稚園の行事や子どもの行事があれば、その日をあらかじめ把握してシフトを組んで希望に応えています。休む人がいれば、現場で代わりの人を探して対応するイメージです。

仕事のチームは、「授乳服を作る生産チーム」「ホームページやチラシのデザインを行うチーム」「総務」「広報や営業をやるチーム」と分けられており、その中で仕事をまわしています。

仕事を休む場合は、まずチーム内で報告をします。

急な発熱は仕方がありませんが、微熱で、今後高熱が出る予感があるときなど、あらかじめ子どもの情報を共有するようにしています。

そうすれば、万が一出社できない場合でも対応しやすくなりますし、交代する人に準備と自覚ができます。

メーリングリストがとても便利です。グループを作ってその中に「熱が出そうです」とポンと入れておくと、皆が「じゃあもしかして明日行けないかもね」と反応したりします。

そうやってシフトを決めるのですが、シフト自体も皆の要望に応えて、朝の出勤時間、退社時間を考え、「月曜日は幼稚園が午前保育だから午前で帰ります」「保育参観があるので午後から来ます」といったことにすべて柔軟に対応しながら、日々調整しています。

このように、仕事のフォローを頼みやすい環境があり、柔軟に自分たちで解決できるよう、現場に権限が与えられているとのことでした。同時に、仕事の責任もはっきりしており、進行管理の権限が大きいそうです。

保育園と子連れ出勤の差は。育休中の子連れ出勤

もう1つ気になるのは、保育園に預ける場合と子連れ出勤とで、どのような差があるのか、ということです。

0歳児から保育園に預けることに抵抗があるお母さんも少なくありません。会社では、赤ちゃんを見守ることができ、しかも多くの人に出会えます。つかまり立ちやハイハイが出来るようになると、周りの人から「あら、こんなことが出来るようになったの」と話しかけられたり、「ダメだよ」と家族以外の人に叱られたりします。これは良い経験になると思います。

お母さんにとっても、自分の席から誰かにかわいがられたりしているのを見るととても嬉しいものですし、子どもも自分も社会に参加していると感じて、精神的に落ち着くと聞きます。子どもの成育上、どのような差が出るかは、今のところ分かりません。しかし、親の方には、多くのメリットがあると思っています。

「指しゃぶりができるようになったね」と話しかけられているのを見ると、嬉しい気持ちになりますね。赤ちゃんはあっという間に変わっていくので、一瞬一瞬を他の人にも見てもらえるのは、嬉しいものです。

大勢の大人が子どもの周辺にいることで、お母さん以外の大人にも慣れます。わたしの子どもも、久しぶりにおばあちゃんに会っても人懐こくしていました。キッズスペースで分離するのではなく、大人のそばにいさせることで、大人のふるまいやマナーを覚えていく、と言うスタッフもいます。

育休中だからこそ子連れ出勤を。効率のよい働き方

さて、モーハウスさんでは育休制度も整えており、取得される方も少なくありません。

期間は1歳までで、育休中でも法的な時間内であれば会社に来られるようになっており、週1くらいの頻度で子連れ出勤される方がいるそうです。

ちなみに、育児休業については2014年に法改正され、月の労働時間が80時

間以下であれば、育児休業の給付金が支給されるようになりました。つまり、会社に出て打ち合わせするなどの業務を行っても、月に80時間までであれば働くことができるのです。

ここで子連れ出勤ができる会社の力が発揮されます。

育休中ぽっかり空いちゃう穴をすべて埋められないのですが、週1来ることで、打ち合わせが出来ますし、仕事の30%くらいを埋められるだけでも、周りにかかる負担感はちがうものです。自分も仕事を忘れにくくなりますから復帰に自信が持てます。

育児中の勤務者が働くメリットについて、「社会人としても、経験値や責任感があり、最初からある程度の能力をもち、新卒の女の子とは別の魅力がある」と加藤さんは言います。

子どもが生まれると、家事の最中にも、子どもは泣きわめいていたりします。やることがたくさんある状況で、すきま時間を使っていかに家事を効率よくするかが課題になります。この効率よくやる姿勢が、仕事に生きているということでした。

実際、子育て中の女性を評価する企業も出てきています。

最近シングルマザーの方を採りたいと言っている会社もいらっしゃいます。生活が懸かっているので仕事に対する気持ちがちゃんとしている、そういう方を採りたいとおっしゃる企業を拝見しました。

サポートが必要というのは実際問題としてあるかもしれません。それでもシングルの方歓迎というような企業も増えていますので、やる気があれば受け入れてもらえることは少なくないと思っています。女性には自信を持ってほしいですね。

子連れ出勤の予想外の力。子どもは人を結びつける！

「子連れ出勤」の可能性はこれだけではありません。

婚活イベントを加藤さんが担当されたことがありました。最近行政は「街コン」などを行っていますが、差別化を図るため、スタッフの子どもたちが参加して、ゲームをやったそうです。これも立派な「子連れ出勤」ですよね。

婚活は見知らぬ男女が集いますが、そこに子どもがいることでよりリアルに家族や子どもができたときの生活のイメージが湧いたそうです。

子どもが間にはいることで普段はぎこちないコミュニケーションが活発になり、打ち解けられるようです。おかげで、たくさんのカップルが成立するという好結果だったということでした。

子どもの参加を促すことで、子どもへ労働を強制することになってしまうことは法律上も許されることではないでしょうから、慎重にならなければなりません。

しかし、仕事を含めた生活のあちこちに子どもがいることはもともと自然なことでした。子連れ出勤導入を検討している企業は少なくないと聞きますが、子どもがそばにいる生活を、積極的に想像してみる価値はあると思います。

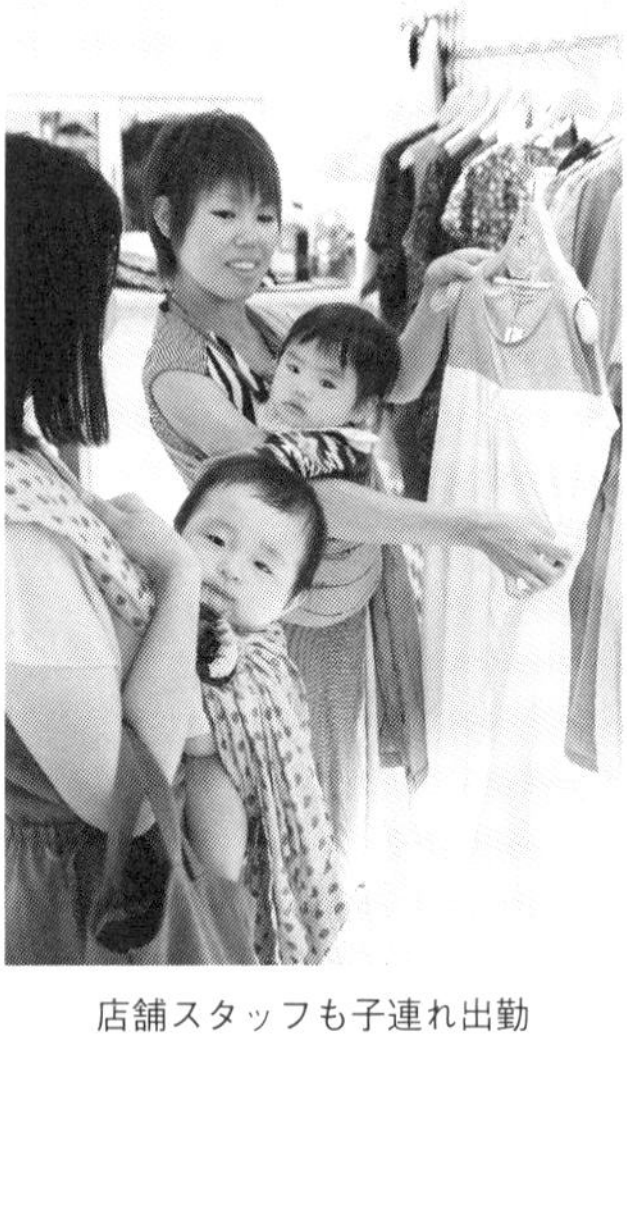
店舗スタッフも子連れ出勤

column

column 3

ダイバーシティ・インクルージョン

「産休・育休で人が抜けた分の穴埋めは、残った社員が死に物狂いでやっている。それのどこが、経営戦略だというのか?」このような声も寄せられます。

その解決のカギとなるのが、〝ダイバーシティ・インクルージョン（Diversity Inclusion）〟と、その先にある経営戦略〝エンプロイヤー・ブランディング（Employer Branding）〟という概念だとわたしは考えています。

近年、ダイバーシティという言葉は日本でもよく使われるようになりました。けれど、そのほとんどは「多様な人材が同じ空間にはいても、区別されている状態」に止まっているように思われます。たとえば、子どもが3歳になるまでの時短勤務制度はあるけれど、他の社員は活用できない。その結果、業務のしわ寄せが他の社員に影響し、全体のパフォーマンスが落ちてしまう。

そこで必要になってくるのが〝ダイバーシティ・インクルージョン〟という考

え方なのです。直訳すれば「多様性の一体化」というこの考えは、「様々な人材がお互いの価値を認め、対等に関わり、影響し合いながら、多様な能力を発揮できる状態」のこと。

たとえば、働く妊婦をフォローする社員をきちんと評価する仕組みをつくる。育児中の社員だけでなく、結婚や妊娠を望まない社員への長期休暇制度を導入する。そんな他の社員にも好影響を与えられるような組織のあり方です。

本書で紹介している日本レーザーさんは、産休育休を取得する女性が出ると、代わりに業務を負担した社員に手当があります。代替要員が入らず、残った周りの社員でフォローするのであれば、制度を利用する側も気兼ねなく休職に入れますし、残った周りの社員もフォロー分の対価が見えやすいです。

このように、産休・育休の取得者だけではなく、業務の穴埋めやフォローをする周りの社員もハッピーにする。そうすることによって〝インクルージョン＝多様な人材が一体化している状態〟になるとわたしは考えます。

インクルージョンに重きを置くことで、すべての労働者の労働環境の見直しへ

column

と繋がり、長時間労働や人事評価制度の見直しといった〝働き方改革〟につながるのです。

働き方はブランドにできる

わたしは、ダイバーシティ・インクルージョンが醸成されると、自然と〝エンプロイヤー・ブランディング〟という最大の副産物が出てくると考えています。

エンプロイヤー・ブランディングとは、優秀な人材を集めるために「働く環境をブランディングすること」という意味で、90年代前半に使われ始めました。その後、世界的に通用する経営戦略となっています。

アメリカにおけるエンプロイヤー・ブランディングは、高い能力を持つ人材（エンジニア、マーケティングのプロなど）の争奪戦が行われている市場で、人材流出を防ぎ、さらに優秀な人材を獲得するための戦略として用いられます。そのために、シリコンバレーなどでは、洗練された素敵なオフィスや、手厚い福利厚生、仲の良い職場雰囲気などを前面に押し出してブランディングをしています。

30年近く前に海外で出来た戦略が、そのまま今の日本に通じるものではありません。またブランディングありきで、奇抜なオフィスデザインをすることがエンプロイヤー・ブランディングでもありません。

そこでわたしは、今の日本にあったエンプロイヤー・ブランディングの定義を、「ダイバーシティ・インクルージョンが醸成されてはじめて見えてくる〝働きやすさそのもの〟が会社のブランドになること＝働き方ブランディング」としたいと考えています。

あまりにも働きづらい企業が多い日本では、「働きやすい」会社がとりわけ光って見え、目立つ可能性が高いことも事実です。

離職率を下げ、優秀な人材に定着してもらうことが戦略上いかに大切か、企業は気づき始めました。労働人口が減少していくこれからの日本。「お前の代わりなんていくらでもいる」という時代は終わったのです。

7章

従業員の都合に合わせることが会社を強くする
——“昔ながら”の経営戦略

株式会社喜久屋

社内に従業員の子どもが安心して過ごす場がある会社

子どもが身近にいることで、働き方がどう変わるのか見てきました。

もう1つご紹介したい会社は、株式会社喜久屋さんです。喜久屋さんには、子どもが自由に会社に来るだけでなく、なんと、子連れ出勤どころか〝孫連れ出勤〟をしている方がいます。

しかもこの子連れ出勤を可能にしたことで、経営がより強くなったというから驚きました。今回はなによりも、この働きやすさと経営の強さの秘密についてお伝えいたします。

クリーニング業界では、子育てしながら働く女性が多数いらっしゃいます。でも、肉体的にきつい、シフトに入りづらいなど、女性にとって課題も多く、高い離職率が業界の問題になっています。

喜久屋さんは主婦でも働きやすいよう改革を進めました。今や、会社の前には幼稚園の送迎バスが停まるまでになっています。わたしの目の前でも、勢いよく幼稚園バスから飛び降りた園児は、会社の中に入って、自由に遊び始めていました。

子育て中の従業員でも働きやすいようにと環境を整えた結果、離職率は常に低く、業績も右肩上がり。海外にも出店し、成長を続けています。

そんな株式会社喜久屋さんは、東京都足立区に本社を置く、1956年創業のクリーニング会社です。

代表取締役の中畠信一さんは、業界では先進的な取り組みを行っていることで知られ、2016年6月に、喜久屋さんのサービス「リアクア」（ウェブサイトから集荷を申し込むと業者が衣服を回収し、クリーニング後に自宅まで配達するサービス）が、第1回「日本サービス大賞」の優秀賞を受賞しました。

幼稚園の送迎バスから飛び出した子ども

新しい挑戦を続ける中畠さん。しかし、働き方改革といっても、新しい取り組みなどではなく、当たり前のことをしているだけだ、と中畠さんは言います。

わたしは父から会社を引き継いだのですが、そもそも父が自由な考え方の持ち主でした。昔から男女の区別を持たない会社だったのです。

確かに、かつてクリーニング業界は職人の世界で、男の仕事でした。力仕事の割合が大きく、重いアイロンを操る技術も必要だったからです。雑務は非正規の方に任せ、本質的な部分は男の職人がやるのが常識でした。

ところが、クリーニング業界はお客様も店員も女性が多く、その方達の声を聴くのは必要なことです。

そういうこともあって、わたしの父が「これからは女性の時代だ」と考え、女性にも仕事がやりやすいように、昭和40年代前半から機械化を進めました。また、デリバリー用の車は当時マニュアル車がほとんどだったのですが、それをオートマチック車にし、クリーニング品を運ぶ洗濯物袋もかつてはとても大きかったものを半分にサイズダウンし、取手を付けて女性でも楽に持てるようにしました。

そのような取り組みを行う父の姿を見ていたので、女性が働きやすいように配慮するのはごく自然なことだったのです。

従業員の希望をかなえる。それが会社のためになる

このような中畠さんが、「働きたいし子育てもしたい」という女性社員の声を聞いて、希望をかなえたのは当然のことでした。

子育てを優先すると家庭の収入が減るし、仕事を優先すると子育てがおろそかになる。じゃあ両方かなうようにすれば、お母さんにとっても子どもにとってもよいだろうし、最終的に会社のためにもなる、そう考えたと中畠さんは言います。

そこで始まったのが、社内保育制度でした。

制度というほどでもないのですが、十数年前から始まりました。特別に保育士を雇ったりすることはなく、休憩室などの共有スペースを使って、みんなで子どもを見たり遊ばせたりしています。当初、未就学児はノーだったのですが、親も

同じ場所にいて面倒を見られるし、周りのスタッフも面倒を見るので未就学児も受け入れるようになりました。たとえば、今日来る子も幼稚園児です。

本部には現在子どもが1人来ていますが、違う事業所は多いときに十数人いて、特に夏休みはわらわら子どもが来ます。小さい頃から来ていた子が小学校の高学年になると、1~2年生の面倒を見たりします。一人っ子が多いから世話するのも面白いらしく、勉強を教えるなど自然発生的にやっていますね。

わたしが小さいころもそんな感じでした。親が共働きの近所の子がたくさん来て、おやつを食べたり遊んだりして、お母さんが家に帰ってくるぐらいに「じゃあね」と言って帰る。

事業をタイでも展開していますが、タイには当たり前のようにそういう子育て環境があります。制度化しなくても子どもを工場に連れてきていたり、知り合いが見てくれたりしています。

業務への影響は。仕事がおろそかになるのでは

子どもがいても、業務に特に支障はないと中畠さんは言います。機械が動く工場に入らないよう注意するなど、家庭で行っている注意で十分とのことでした。

喜久屋さんには、海外からも見学者がたくさんいらっしゃるのですが、通訳の人がしゃべっている間も近くで子どもが遊んでいたそうです。中畠さんが「ここは子どもをあずかることができる、働く人のための場所です」と言うと、見学者にはかえって大うけで、共感を得られたとのことでした。

しかし、子育てを尊重すると仕事がおろそかになるのではないか、そう危惧する方も多いと思います。

中畠さんは、育児勤務者が働きやすいよう、シフトや業務内容を整えて工夫したことが、会社をさらに強くしたと言います。

皆の都合が会社の都合になることが一番ハッピーですので、そうするにはどう

したらいいか考えました。それに、従業員が気持ちよく働けるように知恵を絞ることは、経営を強くすることでもあるのです。

子どもの発熱や行事などで抜ける人をフォローする仕組みについてですが、作業工程を見直し、平準化することで解決しました。

弊社は「多工程多台持ち」というスタイルを取っています。

複数の作業台・機械と、前後の工程をフォローし合う、というイメージです。

「決められた仕事しかしない」というやり方はしていません。

だから5人でも4人でも、極端に言うと1人でも仕事全体を動かせる仕組みになっています。

要するにトヨタ生産方式の屋台生産みたいな方法で、労働者の都合がどう変化しようが対応できるようになっています。この作業システムが海外からも注目を集めており、見学者が訪れています。

クリーニングするものをお預かりする段階で、お客様に仕上がり日のご希望を伺います。すると、その希望日がすべて明日になることはまずありませんから、工場に入ってきたときに出荷日（仕上がり日）ごとに予定を組むことができるわけです。

仮に、土曜日に地域で運動会があって、お子さんを持つママが10人休み、1人しか仕事ができないとします。困った状況ですが、10人欠員することはあらかじめ分かっていますので、前倒しでその分を補えばお客様には迷惑を掛けずにすみます。

計画生産に落とし込んで、それをコントロールできる仕組みを作る。その連動の中で柔軟なシフトが組めるようになっているということです。これはトヨタ生産方式がベースになっています。

このやり方が弊社の強みになっています。

クリーニング屋さんは繁閑の差が激しいため、

中畠信一社長

著者

喜久屋さんでは2月の給料日前の木曜日が最も暇で、4月の第1週の土曜日が一番忙しく、売上げの差は金額にしておよそ14倍にもなるそうです。

最大瞬間風速に合わせて設備と人員を用意して仕事を回すと、仕事が減ったときにコストがかさんで当然赤字になります。従業員の生活や収入も安定しませんし、経営も不安定になります。

中畠さんは、業界に先駆けて、トヨタ生産方式で年間の生産量を平準化し、雇用と経営の両方の安定化に成功したのです。

どんな希望でもかなえられる。育休で能力は落ちないのか

中畠さんは、育児休業を取った女性に対しても、本人の都合を優先したいと言います。

本人の都合を優先するとは、育児休業取得者も自由に復帰できるということです。一般的には、育休明けの社員は戦力にならないと考えられて降格されるなど、敬遠されがちです。例えば、石塚由起夫さんの『資生堂インパクト』でも紹介さ

れている武石恵美子教授の研究によると、短時間勤務中に担当した仕事内容によっては、能力開発の遅れは取りもどせず、一人前のレベルに達しないリスクがある、と言われます。

しかし、中畠さんは断言します。

本人の都合で働いていただいた結果が、会社の都合にもなっているということが一番いい。

産休・育休などで多少のブランクが生じたとしても、能力はそう落ちるものではありません。自転車に乗れる人が後で乗れなくなることはまずない。

それと同じで、ブランクで評価が落ちるのはおかしいというのが基本の考え方ですね。

わたしの知り合いの多くは復帰にあたって、元通り働けるかと、自信がなさそうで不安な顔をしていました。「そんなことはありません」と断言する中畠社長の力強さに、思わず涙ぐんでしまいました。

冒頭でも書きましたが、中畠社長の取り組みは一見すると、「新しい事業のやり方もされているし、非常に新しい考え方をされている」という印象があります。

わたしは当初、中畠社長が意識改革をして取り組まれた結果と思っていました。しかし、中畠社長のおっしゃる通り、かつての日本ではごく自然にあった働く姿を実現しているだけなのです。

当たり前にあった、子どもが身近にいる風景。労働者の安定と経営の安定がつながっているといった、いわば常識的な経営戦略。

このことを大切にし、実現されてきた結果が、現在の喜久屋さんの姿なのです。

8章

主婦専門の人材派遣
——革命児がくつがえした常識

株式会社ビースタイル

わたしたちマタハラＮｅｔには、派遣社員さんからの相談もたくさん来ています。実際、派遣社員さんの５割近くがマタハラ被害に遭っているというデータがあります（２０１５年厚労省の調査）。

相談数もさることながら、マタハラＮｅｔに寄せられた相談には、内容も緊急度の高い、厳しいものが少なくありません。

派遣社員の方で、あと１ヶ月勤務できれば産前休業が取得できる、そんな場合でも、妊娠が分かればすぐ雇い止めになってしまった相談者もいました。

その方は、配偶者の収入も低く、働かなければ生活ができません。しかも、雇い止めに遭っては、保育園に入ることもできず、復帰もさせてもらえないということで、途方に暮れていました。

ある大手派遣会社の社長とお話しする機会があったのですが、育児休業取得を絶対に認めないと豪語するほどです。「派遣社員は育児休業など望んでいない」「育児休業がほしいならそもそも派遣社員など選ばず、正社員を選んでいるはず」「正社員の育児休業の穴埋めが派遣社員なのに、その派遣社員に育休を取得させて一体どうやって職場を回すのか」。そう言ってはばかりませんでした。

もちろん、法律では派遣社員でも育児休業を取得することができます。しかし、悲しいことですが、派遣の業界では育児休業が取得できないと考えられていたり、派遣先には産休育休の責任はないという勘違いが根強くあります。

常識に挑戦した革命児。女性たちに働く場所を

本章の主役、株式会社ビースタイルさんは、代表取締役の三原邦彦さんがこの業界の常識に挑戦するべく、主婦専門の派遣会社として設立されました。

子育て中の女性に働いてもらうことは、慈善事業ではなく、企業にもメリットだらけの素晴らしいことだと断言する三原さん。ちなみに、女性向け人材サービスの「しゅふＪＯＢ」のほかにも、いまや社会問題の解決も視野に入れて、さまざまなサービスに取り組まれています。

ホワイト企業を取材してまとめた、「ホワイトアロー企業１００選」や、正社員女性に絞った転職サービス「これからの転職。」のほか、若者の自由なワークスタイルを応援する「ゆるい就職」など、転職者の目線で独自の社会貢献をされ

ています。

彼の緻密な経営戦略と、主婦の能力の活かし方を見据えたお話は、とても勇気づけられるものがあります。革命児のビジネスセンスは、女性活用をなぜ薦めるのか。本章でたっぷりご紹介いたします。

優秀な同僚女性の働く場所がなかった

三原社長が起業を決意したきっかけは、ある知人の女性でした。

高い能力を持ち、誰からも羨望のまなざしで見られていた彼女は、妊娠を機に退職します。

彼女は再び仕事で活躍する日を望んでいました。おそらく周囲の人も、本心では彼女が社会に出るメリットを感じていたでしょう。

しかしながら、時代が彼女の活躍を許しませんでした。

彼女は復帰や再就職することができず、最低時給に近いパートタイムで働くことになります。職に貴賤はありませんが、経験や能力を生かすことができないのは、やはり社会的損失と言っていいでしょう。

三原社長は、元同僚がパートタイムで働く姿を偶然街中で見かけます。彼女を生かせないリクルート状況にショックを受け、自分が変えるしかない、と決意したそうです。


起業する前まで、わたしは幸せなサラリーマン生活を送り、多くのチャンスをいただき、大きなポストにも就くこともできました。自分にはそれほど学があるとは思っていませんので、「これは出来過ぎだ」という気持ちになったほどです。

そして、元同僚のことがあり、「サラリーマン時代の経験は、日本の女性の就労問題を解決するためにあったのではないか」という思いに至ったのです。

女性が結婚・出産後に働き続けることができなくなるという現実を目の当たりにして、最終的には「俺がやらなければ誰がやる」という気持ちになりました。

現在、ビースタイルは様々な目的を掲げています。利益を追求するだけではない、ある意味〝面倒臭い会社〟だといえます。売上げだけを追求したら、現在の3倍くらいの規模になっていたでしょう。しかし、社会が求めることを大事にしながら生きる道を、わたしは選びました。

常識を覆す挑戦だっただけに、主婦の派遣先となる会社と提携するのは苦労したそうです。

三原社長は、営業先のトップに手紙を書いて訴え続けました。仮説を立てて、いずれ主婦人材が活用される時代が来ると確信していたからです。

三原社長の仮説はこうです。近未来を予測する場合、「人口」は最も予測が可能なデータの1つ。少子化が進むにつれて、日本は女性労働力を活用しなければならなくなるだろう。企業によるパートタイムやワークシェアリングの導入が進むのは間違いない、こう想定したのです。

想像以上のハードル。やはり懸念材料は多かった

しかし、導入にあたって、ハードルは想像以上に高いものがありました。子育て中の女性を雇うと、子どもの急な発熱による欠勤などの懸念材料があり、責任

のある仕事を任せられない、という考えがほとんどだったのです。

三原社長は言います。

雇用主は「急に発熱したお子さんを迎えに行くことがある」といったデメリットを考えますが、実は、働く母親もその他の社員も欠勤率はほとんど変わらないというデータがあります。

また、仮に欠勤が出て、カバーする人材を手配したとします。多くの企業から、「引き継ぎリスクはどうなるのか？」と相談されることは確かに多い。

しかし、「では、何を引き継ぎすればいいのですか？」と聞くと、実は引き継ぐべきことはほとんど無いのです。ノートで共有するだけで十分な場合が多い。

最近では職場でのルーティンワークも減っていますし、パワーポイントでの資料作りなどでも、あえて引き継がずに家で完成させたものをメールで送るといった形で、１人ひとりが仕事を持って動くことが多くなりました。

そういった事情が認知されてきたのか、最近では経営者側がデメリットを気にされなくなってきたように感じます。

デメリットが気にならなくなるにつれて、経営者側はメリットが非常に大きいと気づいてきた、と三原さんは言います。ではそのメリットとはなんでしょうか。

「フルタイム＋残業」で働くという派遣社員のワークスタイルを、主婦を起用した「パートタイム」ないしは「パートタイムを組み合わせたワークシェアリング」にした場合の効果は数字で証明できます。

労働時間も減りますし、業務の繁閑に緻密に合わせると、労働コストを約30％削減できる。平均400万の給与を100人に支払うと、4億円です。その3割ですから、1億2000万です。こういったシフトを組めるのも、相対的に主婦が仕事への強い責任感を持っているからだといえるでしょう。

我々は「ホワイトカラーの生産性を○○％上げるため」「投資対効果を○○％改善するため」という目的をきちんと経営者の言葉に変換して提案できたからこそ、道が開けたのだと思います。

特に近年は、職場の仕事内容が変化し、「長時間働けば成果が上がる」というタイプの仕事は減っています。逆に増えているのが、能力と成果が比例するタイプの仕事です。

具体的な例を使って説明しましょう。2008年、日本で初めて「iPhone」が発売された当時、販売企業が必要としたのは、「とにかく長時間働いてくれる人」でした。顧客は「iPhoneが欲しい」という明確なニーズを持って来店するので、他の商品に関する知識や営業ノウハウは必要なかったからです。

最近ではどうでしょう。市場は変化し、企業は「デバイスとキャリアを理解し、機種変更を提案できる人」を求めるようになっています。

これは一例にすぎません。モノやサービスが飽和した結果、昔のように過酷な飛び込み営業をすれば注文が取れる時代ではなくなった、ということです。

顧客が利用している製品の不満やニーズをくみ取り、新しいソリューションを提示する「切り替え型ソリューション営業」ができる人でないと、注文が取れません。マーケットが縮小している時代ですから、能力がなければ経済効果を導けないのです。

こうして、ビースタイルさんは育児中勤務者の魅力を最大限に生かし、女性労働力の活用を進めましたが、業界は旧態依然のまま。女性が働きやすいように配慮するところまではいっていません。

勤務期間をつなぐ。出産を応援しないスタンスはない

冒頭で少し紹介しましたが、派遣社員が直面する問題として、派遣社員と派遣先との契約期間があと少し足りず、産休が取れないケースがあります。

派遣元に「産育休を取得させる努力義務が課されている」ということさえ、知らない人がほとんどです。

また、「派遣先の契約期間が切れたらそこでおしまい」「派遣先が産育休の取得を承諾しなければ、それ以上やりようがない」と考えている派遣元がほとんどです。

そういう場合でもビースタイルさんは、産休を取れるようできるだけ配慮しています。また復帰にあたっても、希望を聞いたり、保育園に入りやすいようにし

たりしているということでした。

このようなビースタイルさんの取り組みは稀有のものだと言えるでしょう。三原さんは、「子どもを産む女性を応援しないスタンスはありえない」と言います。

ビースタイルでは、社内に限らず、取引先相手でも、「子どもが生まれるということに対して、否定的な言動は絶対に無いように」と言っています。

たとえば、派遣社員から「妊娠しました」という話をされたとき、派遣先の方が「えっ！」と一瞬、驚いた顔をする場合がないわけではない。そんなときは「まあ、僕達も親に産んでもらっていますからね」と言うと、「まあそうだよね（笑）」となりますよ。

子どもを出産するのは、非常に大変で、かつ、ありがたいことです。そこを応援しないというスタンスは、１００％無いと思うのです。

先日、厚生労働省の方が視察にお越しになり、「派遣先から出産に対してネガティブに反応されることがあるか」と聞かれたことがありました。

そこで現場に改めてヒアリングしてみたところ、ネガティブな反応があったという声はありませんでした。我々のスタンスをご理解いただいているということもありますが、受け入れられているということの証明でもあります。

子育て中の女性を受け入れ生かすことができるのは、考え方次第、取り組み方次第だということは間違いありません。三原社長は言います。

この問題は、経営者の当事者意識が高いかどうか、つまり「オーナーシップ経営」をしている企業かどうかが、大きく関与しているのではないでしょうか。派遣社員から「産育休を取得できなくて困っている」と言われたとき、『商売だから我慢してくれ』と言ったら〝カッコ悪い〟」と感じ、問題を解決することが、オーナーシップ経営だとわたしは思います。会社の評価が自己評価と直結していますから。「困っているなら、その課題を解決しよう」と言うほうがカッコいい、と。

非正規雇用化という流れが強まっている今、ビースタイルさんは、正社員の女性の転職も含めて、「幸せな女性の生き方」に注目してサポートしています。

　確かに、フルタイム勤務を希望する女性ばかりではありません。しかしながら、勤務体制はどのようなものであれ、仕事は究極的には、自分がやりたいことをどう実現するか、ということだと思います。

　自己表現として仕事が選択肢にあること。これが女性の幸福のためとなり、社会のためになると、三原社長は考えているのです。

三原邦彦社長（左）と著者（右）

column 4

マタハラ防止義務化の今こそ、業務改善のチャンス

女性活用によほど抵抗があったのか、こんな意見がマタハラNetに寄せられたことがあります。

「女性を雇うから面倒なことが起きる。だったら我が社は女性を金輪際雇いません。それでみんなハッピーです」

しかし、繰り返しますが、マタハラの根っこは女性だけの問題に限りません。今のワークスタイルが続けられない従業員は必ず出て来るからです。男性が育休取得を望めば抑えつけ、管理職が介護休暇を取得すれば戻る席が窓際になり、誰かが病気やケガをしたら見捨てる。そうやって社員を切り捨て続けるのが会社のためになるのか、火を見るよりあきらかです。

女性を雇わない選択は問題の先送りです。いつかは向き合わなければならないのです。そして、「ダイバーシティの価値に気付き始めた」いまこそ、他の企業

column

に先駆けて〝働き方をブランド化する絶好のチャンス〟なのです。

さらに、2017年1月から企業にマタハラ防止対策が義務化されます。

マタハラ防止対策の義務化は決して縛りや重荷ではありません。マタハラ解決をきっかけに、いつ誰が仕事を抜けても仕事が滞らない、なおかつ生産性の高い職場環境を整備する絶好のチャンス、会社の魅力をアピールできるチャンスととらえることができるのではないでしょうか。

マタハラ解決が日本社会を救う

読者のみなさんにお伝えしたいのは、マタハラ解決には、日本社会全体を救う力があることです。

日本はこれから、世界のどの国もこれまで経験したことがない、未曽有の少子高齢社会を迎えます。あとたった40年で人口は現時点から3000万人も減り、しかも残った9000万人のうち、4割が65歳以上になります。

生産年齢人口（15歳〜64歳）も現在の2分の1にまで減少。その減少のスピードは他の経済先進国に比べて恐ろしい早さです。日本はこれから、支えなければならない高齢者で溢れかえり、支える人・働く人が壊滅的にいなくなることになります。

労働人口確保と出産率の上昇――これが日本企業・日本社会が存続する唯一の道です。

しかし、女性が働きに出ると、かえって子どもを産まなくなるのではないか。そう心配する方も少なくないでしょう。

ところが、実際にはまったく逆の数字が出ています。

女性が働くほど子どもを多く産む

経済先進国（OECD24カ国）においては、女性の労働参加率と出生率は比例関係にあり、女性は働くほど子供を多く産むというデータがあります（内閣府男

column

女共同参画作成のOECD加盟24か国における女性労働立と合計特殊出生率2009年)。

それにもかかわらず、日本はこれに逆行して、未だに第一子の妊娠を機に6割の女性が仕事を辞めています。これでは自ら少子高齢社会に突き進むようなもので、国が自殺に向かっているようなものです。

9章

徹底して人を見る、人を育てる

――どんな不況でも右肩上がりの成長

株式会社日本レーザー

マタハラＮｅｔに寄せられる相談の中に、〝逆マタハラ〟というものがあります。逆マタハラとは、産休・育休取得者が出ることで、周囲の負担が大きくなることを表現したものです。

マタハラが話題になり始めた当初から、逆マタハラ問題は指摘されていました。「妊婦だからと甘やかしすぎて周りが迷惑になっている」、そんな声は少なくなかったのです。

逆マタハラでの周囲の負担感は、ケアや報酬で補うこともできるはずですが、これまで企業は、「人件費を浮かせることができ、仕事も回せる」と考えがちで、メンバーに手当てをすることはまずありませんでした。中央大学大学院戦略経営研究科の佐藤博樹教授も、休職者の給与を周囲の人間で分ける会社は、知りうる限り1社もないとのことでした。

残念ながら、逆マタハラが生まれやすい企業文化が根強くあるのです。

従業員〝全員〟の多様な幸福を守るのは、難しいことのように思えます。

逆マタハラなんて起きない。社員を見る力

わたしが本章でお伝えしたいのは、社員の幸福を守る力は〝社員を見る力〟である、ということです。社員を見るとは、社員全員を気にかけ、社員を受け止め、社員の変化に気づくこと。

この〝社員を見る力〟が最強の戦略になっている素晴らしい会社があります。本章の主役、株式会社日本レーザーさんです。

レーザー機器の専門商社だけあって、レーザー光線のように、熱く、まっすぐに力強い視線を投げかけるのは、近藤宜之社長。近藤社長は言います。

産休・育休者の負担を誰かが担う。時間内に仕事は終わっているけれど、明らかに誰かがいつもの150%の力を出してカバーしている。

それだったらその誰かの負担が大きくなった分、その社員の待遇を上げましょうというのは、経済効率ではなくて人として当然の発想ではありませんか。

一般的に、経営者は〝市場を見て〟経営をするわけです。右肩上がりの事業展望を持つ。新規事業が生み出す価値を計算する。高成長、高収益、高配当、高株価の会社になることを目標にする。そして、それが企業価値だと考える。

わたしたちは上場できますが、しません。

なぜしないのかといえば、市場を見た経営、お金を見た経営をしたくないからです。

わたしは〝人を見た経営〟をしたい。

人を見ていてごらんなさい。人は変わるものです。結婚や出産もします。有能な人物に成長すること、これも変化です。

人を真剣に見る。そうすれば、変化に気づき、受け入れられるようになっていくものです。

こうして人を見ていくことが経営であって、〝妊娠＝変化〟があったからといって辞めさせるのはおかしいじゃありませんか。

女性活用の枠組みでお話をすると、それなりに理解のある経営者は「女性活用を進めよう。経験を積んだ人間が育休から戻ってくれれば戦力になる」と言うかもしれません。

しかし、即戦力になれない人間がもちろんいますから、「能力があるから辞めてほしくない」という発想は、経営者の願望を見ているだけで、社員を見てはいないわけです。

世の常で、どの組織にもなかなか戦力にならない人はいるものですが、わたしたちの会社の離職率はゼロですよ。


わたしはお話を聞きながら、きれいごとを並べているだけでは決してない、圧倒的な迫力に飲まれていました。実際、徹底して人を大切にする近藤社長ですが、それはここに至るまでに積み重ねられた苦い経験に裏打ちされていたのです。

第１回「日本でいちばん大切にしたい会社」大賞など、受賞多数

解雇し続けた苦しみ。人はお金に変えられない

近藤社長は、意外なことに、かつて従業員をリストラする立場にいました。近藤社長は28歳のとき、労働組合委員長を経験されています。日本レーザーさんの親会社だった、日本電子株式会社に勤めていたときのことです。

壮絶な組合の対立をまとめ、ようやく片が付いたと思ったときに、会社はオイルショックなどで倒産寸前の状態になります。

会社が潰れては元も子もありません。近藤社長は、労働組合委員長として１１００人の希望退職者を受け入れる代わりに、経営トップ全員の退任を迫りました。

組合をまとめるときに一緒に闘った仲間に対して、経営合理化への協力を要請するのはとてもつらかったそうで、相当の葛藤があったそうです。

この組合活動を11年間務めたあと、近藤社長はニュージャージー州の支社に行き、その支社をたたむ仕事に就きます。所有している土地を全部売却し、従業員を全員解雇するわけです。このときは、困難を極める交渉を英語で行わなければ

ならず、胃潰瘍になるほど苦悩したそうです。

その後、ボストンに派遣されることになります。冷戦崩壊の影響でアメリカの軍事予算がカットされ、会社で持っていた仕事が4割無くなってしまうことになりました。

近藤社長は、赤字を出さないようミッションを与えられ、支配人の責任として、ここでも日本人社員を半分に減らし、現地人をレイオフしました。

そういった経験から、お金のために人を切るのに抵抗を感じるようになったと近藤社長は言います。


企業は教科書通りにやると「人・モノ・金・情報」と、横並びの形を考えます。人とモノと金と情報を、同じ資源だと考える。

そうすると「経営が成り立たない。じゃあ、人を切ろう」という選択肢がいつか出てきてしまう。たとえば人を1人切ると年間1000万円浮く、というように。

〝人がお金に変わる〟

これが、根本的に問題なんですよ。

人は、モノや金といったものと同列に並べてはいけない。横に並べてはいけない。金・モノ・情報、これが経営資本です。人はこの上に立った三角すいであるべきなんです。

上に人がいるから、金や情報を生かすことができ、モノを作ることもできるし、付加価値を生み出すこともできるわけです。

人が親玉であり、心臓みたいなもので、その他のものと同列にはできないのです。そこを取り違えているから、企業は平気で人を切ってしまうわけですね。

わたしはこの話を聞いた時に、マタハラを受けた時のことを思い出し、インタビュー中でしたが涙を止めることができませんでした。人として大切にされる、あたりまえのあたたかさを、とてもうらやましいと思いました。

人を大切にすることに自信がもてない理由

経営者や責任者は、人を大切にすることが、会社のためになると確信できずにいると思います。人件費は経営コストで、会社の不安材料だと思うからでしょう。しかし、近藤社長は言います。

人を大切にすることに自信を持てないのは、経営者が「わたしが社員を大切にしている」ということだけしか見えていないし、考えていないからです。あくまでも社長を主語にして発想しているからです。

人を見ていれば、彼・彼女らの成長が分かり、どのように会社に貢献しているか、そして働く喜びを感じているかが分かる。

会社は人を雇うことが最大の目的です。人は働くことで必要とされ、感謝される。会社とは雇用の喜びを作り出すことができる唯一の存在です。

必要とされる喜びの中で、人は「できないことができるようになりたい」「もっとうまくやりたい」と成長していくものです。リストラで人を切っていく会社の中で、安心して成長なんてできないじゃないですか。

わたしは尋ねました。「社員の成長があれば、経営は必ずうまくいく、ということですか?」。すると近藤社長は、「当然です」と嬉しそうにうなずきました。

まあ、社員を大切にするだけでうまくいくというのは、ドメスティックな内需型の企業に限っては、100%通用する話かもしれません。

しかし、わたしたちのようなグローバル企業は、為替などの影響をもろに受ける。

そこを生き抜くためには、社員を大切にするだけでなく、ビジネスモデルと戦略も必要になります。大胆なかじ取りをし、国際社会の状況に対応しなければならない。

会社を変えるにはすさまじいエネルギーが必要になるものです。そして、会社を変えねば赤字になる。こういった状況は少なからず出てきます。半ば追い詰められている、そう言ってもいいかもしれません。

だからこそ、社員が会社から大切にされているという実感があれば、火事場の馬鹿力を出してくれるんですよ。

たとえば2010年、いくつかの輸入総代理店権を失い、新しい仕事を作らないと経営が危ういという状況に陥り、ある東証一部の上場企業が引き受けていた海外メーカーの仕事を、わたしが取ってきたことがありました。

交渉は大変でしたし、約束した販売計画も厳しいものでした。しかも、この事業の立ち上げ期間は3カ月しかなかった。

しかし、現在産休を取っているある女性社員が、当時はまだ独身だったこともありますが、夜中の12時まで毎日働いてくれたのです。労協に完全に違反しているわけですから、「8時までには帰れ」と言っても、「この事業に会社の将来が懸かっていることは分かっています」と言って頑張ってくれた。そして、素晴らしい能力と集中力を発揮してくれた。

いま、彼女は、ワーク・ライフ・バランスで言うとライフ中心の生活を送っています。子どもを産んで休んでいるわけですが、彼女の代わりに、「今度は自分が」と、別の社員が頑張ってくれています。

火事場の馬鹿力ってすごいものですよ。

私事ですが、集中豪雨で家のバイクが水没してしまいそうだというときに、家内がバイクを持ったまま階段を上がって家の中まで運んできたことがあります。わたしにだってそんなことできませんよ（笑）。


社長は経営戦略を立て、それを実現する社員を育てる。これが最大の投資であり戦略なのだと近藤社長は言いました。多くの経営者も、「なるほど至極当然のことだ」「そりゃそうだ」と思うでしょう。

しかし、これを実現することはとても難しいのではないでしょうか。近藤社長が実現できている

社内にある勉強スペース

のは、徹底されているからこそなのだ、とわたしは思います。

人を大切にすることの徹底。家族も、取り引き先も大切にする

社長の「人を大切にする」という信念は、社員だけにとどまりません。

近藤社長は、機会があれば社員の家族にもお会いして、「うちはこういう会社です」と伝えたり、社員の誕生日には家族宛てにギフトカタログをお送りしたりしているそうです。

また、毎月近藤社長は自分の名前で、社員の家族に月刊『ＰＨＰ』という雑誌を送っています。この雑誌は、経済情報に限らず、お年寄りから小学校の子どもまで楽しめる内容がもりだくさんの雑誌です。

ギフトや雑誌が話題のタネとなって、社員家族の会話や電話が増えたそうです。

家族のつながりが強くなり、また、社員と家族を大切にしている会社だと思ってもらえることで、介護や産育休など、社員に何かがあったときにも、家族や親戚が力になってくれて、復帰できるように送り出してくれるそうです。

人を大切にするからこそ、働いてほしい有能な社員が復帰でき、会社は成長するとのことでした。

社員だけでなく、社員の家族も大切にし、取引先だけでなく、取引先の家族も大切にする。その次がお客様で、4番目が地域社会。株主は最後です。この順番で人を大切にする限りは、業績は必ず良くなるし、成長します。

アベノミクスで輸入専業は潰れているところが出てきているときに、うちは増収増益で、過去最高の受注を記録している。アベノミクスでほとんど赤字100%必至という状況でも、ちゃんと会社は存続している。経営戦略と頑張る社員を組み合わせられるからです。

以前1ドル80円だった為替が、今は1ドル125円ですから。この為替レートの変化だけでも、数億円のコストが掛かっていることになります。こうなると、人員整理などしても追い付きません。人を育て、強い会社になるほうが王道ではありませんか。

リーダーシップを養うには。ニコニコ笑顔でいる修行

近藤社長の徹底した育成力と経営戦略は、一言で言うとリーダーシップだと思います。

リーダーシップは、多くのビジネスマンの課題だと思うのですが、どのようにして養えばいいのでしょうか。近藤社長はこう言います。

個人的なエピソードとしては、わたしは小学校から大学、社会人に至るまで、常に組織のリーダーを経験してきました。

バレー部主将や山岳部のリーダー、生徒会、労働組合の委員長など。それから、ヨーロッパで一冬過ごしたときには山で雪を溶かして飲むなどしながら暮らしたことも。そんな修羅場の経験でリーダーシップを育んだという一面は確かにあると思います。

しかし、同じような経験をもつ経営者はたくさんいるでしょう。

大切なことは〝自分が成長し続けること〟であり、〝他人を尊重する生き方を学ぶこと〟ではないかと思います。

社長は何があっても人のせいにできません。社長にとって面白くない報告は山ほどあり、中には社長批判もあるかもしれない。それをニコニコとしながら耳を傾けるわけです。自分に責任がないことで社員が不愉快なことをやったときにも、ニコニコと聞く。これも大変な修行です。

それと身の回りで起こることは、結果的に社長である自分が招いていると仮定します。要するに周りは全部自分が招いた世界だと。そうすると、招いているわけだから、「なぜ仕事をしない」「なぜ勉強をしない」「なぜTOEIC500点取ろうとしない」と、社員を責めるのは筋違いなんです。

やはり、自分が変わると、世界は変わるんですよ。

成長と修行の結果としてリーダーシップの発揮がある、と近藤社長は微笑みました。責任と覚悟を持って成長すること。この大切さに気づくために、どんなきっかけでもつかもうとすること、これが大切だとのことでした。

赤字になりそうであれば、退職金も取らずに個人資産をなげうってでもやればいい、と近藤社長は言います。取締役にも、いざとなったら給料全部召し上げて報酬ゼロになる、それくらいの覚悟が必要だとのことでした。

覚悟が違う。だからこそ頑張れる。そして、他人のために頑張れるから、幸せなのだ——。きっと経営者も、その幸せこそ、生きがいだということなのでしょう。

近藤社長が、周りを責めるのは筋違いだという責任こそ、社員を見る力を養うものにほかならないとわたしは思います。

著者（左）と近藤宜之社長（右）

10章

建築現場の女性活躍
——女性登用が新事業を切り開いた

有限会社原田左官工業所

わたしたちが日ごろ目にする女性活躍のニュースで取り上げられている会社は、オフィスワークの会社がほとんどではないでしょうか。

でも最近、工事現場で働いている女性の姿を見かけることが多くなったと思いませんか。

男性社会と言われる建築・土木業界ですが、労働者数全体の３％は女性労働者です。全国で10万人の女性が現場で働き、国土交通省はこの人数を２０２０年ごろまでには倍にしたいと計画しています。

建設現場で働く女性は「ドボジョ」という愛称で呼ばれ、ドボジョが主人公の漫画が出版されたこともありました。建設現場でも、女性活躍の期待が高まっている、そう考えて間違いありません。

しかしながら、現場では女性活躍ということでいきなり管理職に登用してしまったり、結婚・妊娠しても働き続けるためにはどうすればよいか会社サイドもわからなかったりと、戸惑いと模索で悩む声は少なくありません。

建設現場での女性活躍
原田左官さんの挑戦

本章でご紹介するのは、1990年ごろから女性活躍をいち早く進めていた有限会社原田左官工業所さんです。代表取締役の原田宗亮《むねあき》さんは、『世界で一番やさしい左官』という本も出版されており、左官業界をリードしているキーパーソンです。

さて、本章では女性活躍のノウハウと知恵が凝縮された、とっても素敵なお話をご紹介いたします。

原田左官さんの最初の女性活躍は、1人の女性事務員がきっかけでした。

原田宗亮社長

その当時は、１９８９年男女雇用機会均等法が施行されたころです。でも、均等法はあまり関係なかったと原田さんは言います。89年と言えばバブル全盛期。ものすごい建設ラッシュで、アルバイトにも日給数万円の給料が支払われるほど。とにかく人手が足りなかったそうです。

そんな折、女性事務員が職人が塗っているのを見て、「わたしもやってみたい」とぽつりと言ったことがきっかけになりました。

猫の手も借りたいほど忙しい状況で、それまでは業界に女性職人はまずいなかったものの「掃除でもなんでもいいから現場でやってみるか」ということではじまったそうです。ところが、意外な〝化学反応〟が起きます。

左官は高度な技術が必要ですので、事務員の彼女には仕事で塗らせるところまではいきませんでした。現場で色々な手伝いをして、事務所で見本を塗るわけです。

技術がなく平らには塗れないので、彼女は、デコボコに塗ったのを模様にして楽しんでいました。

それから、白い漆喰にアイシャドウをいれて色を付けたり、口紅砕いて入れたりして、それもグラデーションにしたりと、デザイン性を出していました。そういう発想があったんです。

当時は、左官の壁と言えば、漆喰は真白、平らで、ピカピカに磨くのが当たり前でした。色があったとしても、ねずみ色、黒、べんがらの赤といった日本の伝統色しかなかったのです。

それを彼女は、派手なパープルにしてみせた。

ものすごく新鮮で、学生のアルバイトたちにも大うけです。新しいサンプルを作ると、「これは面白いから自分たちで売ってみたい、営業してみたい」と言って、設計事務所に配ってくれました。

バブル全盛期、ディスコのような派手な装飾の建物が流行っていました。そこにヒットして、女性たちの仕事が出来てきたのです。

まさにダイバーシティ人材から、新しいアイデア、新しい商品が生まれた、プロダクトイノベーションだと言えるのではないでしょうか。

しかし、こういう成果もすぐに受け入れられるものではなかったそうです。

二十数年経つと、その女性がきっかけで、現在につながる仕事が増えたのだなとわかります。

もし女性活躍の路線がなかったら、現在の会社のようにはならなかったでしょう。全く知らない世界でしたから。以前は個人住宅の仕事で、地域の工務店さん経由の仕事がほとんどでした。ディスコのお店などを担当するうち、店舗も顧客先として広がったので、会社としては大きな変化があったのです。

しかし、当時はなかなか分析できませんでした。昔からの職人さん達は5、6年くらい、そういう仕事は絶対に手を付けなかった。職人さんの間では「邪道だ」という感じがありました。本筋の仕事ではないと。

でも、世の中にはウケている。なかなかそこは噛み合わなかったので、最初は原田左官レディースという事業部を作って、女性達だけで営業して、仕事も決めるようにしました。

当時、昔からの職人さんたちと軋轢がありましたが、それだけ会社が生まれ変わろうとしていた、ということかもしれません。

昔からの職人さんたちは、女性が現場に来ることも、女性が開発した商品を塗ることも嫌がったそうです。でも、原田さんが嫌がる理由をたずねても、明確な答えは返ってきませんでした。

やはり、男性職人が力と技を競い合う社会です。「女なんか入ってくるな」という感覚は非常に強くあったのも無理はないかもしれません。

時間が解決することもある。初めての育休取得者の誕生

30年くらい前は、セメント1袋50キログラムもあるものを、2袋も3袋も担いで丸太の足場を上ったそうです。

次第に職人さんも年をとり、メーカーが40キロの袋を発売すると、すぐに25キロの袋が販売されるようになったということでした。つまり、昔の職人は、たくさん運んで力自慢をするため無理をしていたのです。

セメントの袋が軽くなっていったように、時間が解決してくれるもので、原田左官の皆さんも女性が職場にいることに慣れていきました。そうして、新しい材料の仕事も軌道に乗った、ということです。

そんな原田左官さんで、初めての育休取得者になったのが、福吉奈津子さんです。

原田左官さんでは見習い期間が4年間設けられており、福吉さんは、その期間中に結婚して子どもが生まれました。

福吉さんは日ごろから、「中途半端は嫌だ。やるなら一人前の職人になりたい」と繰り返しおっしゃっていたそうで、会社は彼女の育児休業取得と復帰を、ごく自然なものとして受け止めていたそうです。

そして先代の社長（原田さんのお父さん）から「続けてみないか。いろいろな制度も活用するから」と声を掛けられたことをきっかけに、福吉さんは続けることを決めました。

左官職人は朝が早く、また朝に仕事の重要な打ち合わせがあり、欠席することは許されません。

現場で働くのは8時から17時が基本時間とのことですが、現場に行くまでの時間と、道具などの準備時間、現場から帰ってきて片づける時間を考えると、拘束時間は長くなりがちです。そのため、保育園の送迎などで周囲のフォローが必要になります。

周囲の人は迷惑がって女性職人を嫌うものではないか、と心配になります。それに、普通の会社ではチームを組むさい、育児中の女性が加えるより男性だけのほうが仕事の計画も実行も楽だと考えて、女性を敬遠するものはないでしょうか。

ところが、原田さんの言葉は意外なものでした。

建築現場は、本当に1人ではできません。3人で1週間行けば丁度いいなと思っていても、風邪で休む人がいたりするものですし、年配の職人さんも結構自由に休みをとったりします。孫や子どもの運動会だからと休む男性の職人もいるくらいです。昔は現場があれば最優先だったのが変わりましたね。

それを現場の工期の中でフォローしながらやるので、実際のところお互い様だというところもあります。

福吉は最初の育休取得者だったこともあり、今だから言える悔しい思いをしたこともあったようですが、今は福吉が育休取得者と職人の間のパイプになってくれています。

それに、時短勤務者を入れることは施工計画で調整できますし、女性職人である以上に、ひとりの職人としてプライドをもって仕事をしているので、周囲も特に問題を感じていなかったと思います。

女性だからといって、重い砂を運ばなくていいわけではありません。それに、下手な人と上手な人の仕上がりの差は、本当に一目でわかります。腕のいい職人は重宝され、尊敬される。ある意味、フェアな世界だと思います。

定年退職の激増。若い人を育てる使命

このような育児支援も含めて、原田さんが職人育成に取り組むのは理由があり

ます。それは、若手職人が育つスピードより、熟練職人が定年退職するスピードの方が圧倒的に早いからです。１９９０年の左官職人は20万人いましたが、２０１５年には７万人ほどに減少しました。

左官職人の平均年齢は、いまや60歳を超えると言われています。また、職人の育成には時間がかかり、一通りの仕事を覚えるまで10年はかかるとのことでした。引退のスピードに育成のスピードが追い付かない。だからこそ、女性活用も含めて若手を育てようと、原田さんは取り組まれています。

その取り組みが評価されて、「東京都中小企業人材育成大賞」と「厚生労働省キャリア支援企業表彰」を受賞されました。

原田さんは独自の取り組みをこう説明されます。

大昔は、４年見習いしたくらいでは、現場でコテを持たせてもらうことはまずありませんでした。

材料こねたり、掃除したりするなかで先輩の仕事を見て、会社へ帰って練習する。そうして少しずつ認められていくというのが、昔のスタイルです。

今は、会社で塗る練習を大々的にやります。

モデリングという方法で、コテづかいを勉強します。左官の達人の動きを動画で見て真似をし、タイミングやテンポをつかむために、先輩に声をかけてもらいながら、塗る練習をするわけです。

そうすると現場でコテを持たせてもらう機会が昔よりは断然早くなり、練習し始めてから、早くて1〜3か月になりました。

そういった意味で、見習い期間とはいえ、下地塗をするなど、現場仕事はしているわけです。やはり塗るのは楽しいですから、早くコテを持たせてあげたいですね。

採用面で感じることですが、昔と今では、入社の仕方も教育の仕方もずいぶん変わりました。

30年くらい前は、業界にくる人たちは、中卒か、高校中退者がほとんどで、社会常識の段階から教育して、それができてようやくコテを持たせてもらったものです。

今は大学を出て職人になる人もたくさんいます。教育は受けているわけですが、逆に言うと教育慣れをしていて、教わったことをちゃんとやろうとか、ちゃんと形にしようっていう思いは強いけれども、言われてないことを自分からやるのはちょっと慣れていない。

昔のやり方を当てはめてしまうと、塗れと言われてないから現場でやっちゃいけないんだと思って、下働きばかり上手くなる。下働きだけが自分の仕事だと、真面目な人ほど考えてしまう。だから、塗ることも最初に教えてあげないといけないわけです。

イメージ向上は見過ごせない戦略。働くカッコよさも伝える

原田さんが若手職人を育てるために工夫されていることは、教育方法だけではありません。左官職人として働く安心感を伝えることも大切にされています。一言でいえば、〝イメージ向上〟、だとわたしは考えています。

原田左官さんでは、見習い期間が終わると、年季明けというお披露目パーティーを行います。

そこで「新米」職人さんに「フォトブック」を渡します。これは、4年間働いてきた姿を写真集にしたものです。

わたしも見せてもらったのですが、きっと家族は働いている姿を見て、「かっこいい」「応援したい」と思うはずです。

この家族や周囲の理解や応援が、いまこの業界に最も必要なものではないでしょうか。原田さんは言います。


人材育成の賞を取ったりメディアに出たりすることで、親御さんにも安心してもらえます。

過去にあったのは、都内の高卒の女性で本人の強い希望で就職したいということだったのですが、母親が反対して断念されたことがありました。

実際のフォトブック

今は女性の先輩も複数名いますし、職人になることは昔よりは認められて、若い希望者も増えています。長く働ける安心感は、リクルートとして大きな要素だと思っています。

これこそ、わたしの考える〝エンプロイヤー・ブランディング〟なのです！

働きやすい環境そのものが会社のブランド・価値となり、リクルートで有利に（コラム3参照）なる。また、周囲も安心して働きに出せる。

これまで職人の世界に縁がなかった人にとって、建設現場の仕事は厳しい世界として目に映るでしょう。本人も、職人の輪にとけこめるか尻込みしてしまう場合も少なくないかもしれません。そういった「厳しい職人のイメージ」が、リクルートの門を狭めてきたともいえるのではないでしょうか。

だからこそ、「働きやすさそのものをブランディングすること」がとっても有効で、原田左官さんの成功が業界から注目を集めていると言っていいでしょう。

職人を守る。
誰も幸せになれないのでは意味がない

こうして、多様な人材を生かした商品開発力と、安定した雇用環境を武器に成長を続ける原田左官さんですが、原田さんは「拡大が会社の目的ではない」と言います。

弊社は順調に成長していますが、会社を大きくすることが目標ではありません。確かに、仕事をたくさん受注して、下請けにやらせれば利益がたくさん出ます。でも、それでは誰も幸せになりません。

「職人を守る」「伝統技術の継承発展」「幸せの創造」この3つが会社の使命だと考えています。

わたしの祖父は、根っからの職人で腕もよかったのですが、50歳の時に肺を悪くして、現場仕事ができなくなりました。職人は「職」の人ですから、職を取ってしまうと、やることがなくなってしまうんです。趣味もなく、晩年はさみしい人生だったと思います。

祖父の姿を見て、現場を引退しても、後輩を指導するなど「職人」として長く生きてほしいと思いました。そういうわたしの願いもあって、「職人」を守ることを強く意識しています。

当然、職人を守るために、雇用を守り、職人の健康を守り、職人の人生を守る。これが会社の第一の使命です。

それと、技術は形にして残すことができません。いま技術を受け継がせてもらった我々が、次世代に継承し発展させていくのは使命であり、義務でもあると考えています。

仕事はこなせばおしまい、売上げだけ増えればそれでいい、というものではありません。誰も幸せになれないのでは意味がない。きれいなものを

著者（左）と原田宗亮社長（右）

作る喜びや、お客さんの満足、かかわった人が幸せになれるような仕事の在り方を追求したいと考えています。

こうお話しする原田さんの所であれば、きっと女性でも安心して働けますね。左官に関心を持つ女性は、もともとデザインやクリエイティブな仕事が好きな方が少なくありません。左官業界はきつい仕事も少なくありませんが、みなさん楽しんで仕事に励んでいるとのことでした。

原田左官さんのように、業界のイメージが良くなることで、自己実現できる方が増えることを期待しています。

column

column 5

根強い、「勝手に産め」思想

妊娠に伴う離職率の背景には、日本社会に根付いてしまった「出産＝妊婦だけの問題」という常識が大きく横たわっています。男性が外で働き、女性は子を産み家を守る。このモデルがうまくいったため、今まで当然のようにマタハラが横行してきたと言えます。

産休・育休で長期休業を取得する、復帰しても保育園のお迎えで残業は出来ず時短勤務をする。このような〝時間的制約を持つ社員〟は、フルタイムでいくらでも残業できる社員とは〝異なる働き方〟と捉えられ、排除の対象（＝マタハラ）となってきました。

そのため、妊娠・出産・育児となれば、判で押したように解雇や退職を企業から強要され、職場から排除されるだけでなく、そんな目には遭いたくないと自ら退く女性も少なくありませんでした。

「子どもが産まれたら母親として育児に専念すべき」とパートナーや両親からプレッシャーをかけられ、本当は働き続けたいのに働くことを許してもらえない〝家庭内マタハラ〟もあります。誰の圧力も受けていないのに、「妊娠したら辞めるべき」「育児と仕事の両立は無理」と女性自ら思い込んでいるパターンもありました。

マタハラ解決で企業の健康診断

しかしこれからの日本で、時間的制約を持つのは、育児を抱える女性だけではなくなります。超高齢社会では、上司たちが介護休を取るケースも増え、実際に介護離職は年間10万人に達するというデータもあります（平成24年就業構造基本調査）。労働力が減少していく社会では、育児や介護、病気やケガ、様々な条件を抱える制約社員を排除することなど不可能です。

「ケアハラ＝ケアハラスメント」を解決することは、「マタハラ解決」と同じこ

column

と。つまり、企業が生き残りをかけて、誰もが働き続けられる環境を整えることなのです。

介護も育児も仕事の障害になることはすべて女性に押し付けて、男性が働けばいいと考える人がいると思います。しかし今や多くの女性が、そういう男性とはそもそも結婚したくないと考えるのではないでしょうか。

日本の女性の7割以上が働き続けたいと望んでいます（2013年マイナビウーマン、女性の働き方に関する調査）。また、男性のみに仕事を課している状況では、労働人口が足りなくなって長時間労働からの脱却は叶わず、過労死も止められないでしょう。

最強の会社に変える方法

解決策は一つではないかもしれません。面倒でつらい道のりかもしれません。

本書の登場人物たちも、トライ＆エラーを重ねてきた結果、ようやく今の職場環境を手にされました。

解決策のヒントは従業員の中にあります。従業員と共に一丸となって、解決策を見出すことにチャレンジし続けてください。

急に休暇を取得しても、社員を笑顔で送り出せる。そんな全社員との信頼関係が必ず構築されます。風通しの良い先進企業に生まれ変わることができるのです。

そして社員が会社に持つ誇りこそが、最強の会社に変身させるのです。

11章

医療業界でただ一つ!?
ワーク・ライフ・バランス
革命に成功！

——57パターンのシフトを作る理由

医療法人寿芳会　芳野病院

マタハラＮｅｔには、病院や介護施設など夜勤がある長時間労働の職場から、たくさんの相談が寄せられます。女性が多い職場のため、相対的にマタハラを受ける割合が高くなるという一面もありますが、産育休取得者が多くなると、シフトが組みづらくなり、逆マタハラが起きやすいといったシステム面での問題もあります。

ワーク・ライフ・バランス改革が成功。芳野病院の取り組みとは

そこで登場していただくのは、福岡は北九州市にあります、芳野病院さん。

こちらの病院はワーク・ライフ・バランス革命を成功され、医療業界ではまれに見るひと桁台の離職率を達成されています。また、病院の経営難が話題になるのも珍しくないなか、堅実な成長を続けていらっしゃいます。

では芳野病院さんはどのようにしてワーク・ライフ・バランス革命を成功させたのでしょうか。

改革の立役者は、ＷＬＢ＆ダイバーシティ推進室室長（２０１５年当時）の小

川美里さん。

小川さんは入社のきっかけからして、ある種の運命的なものがありました。小川さんはキャビンアテンダントになりたいと思いながら、転職のチャンスをまってデパートの受付などの仕事をしていたそうです。

すると、小川さんのお祖母さんが、「土日休みの仕事に就きなさい」と、知らない間に履歴書を芳野病院に送って、入社することになったということでした。アイドルのオーディションみたいですね、と笑うわたしに、小川さんは「偶然に導かれて、今があります」と言います。

見覚えのない番号から携帯に電話が入って、「面接日はいつがいいですか」と言われ、驚きま

小川美里さん

著者

した（笑）。

ご縁があって入社後担当したのが、人事労務でした。配属されてすぐ、職場にあった産休育休のファイルがとても気になりました。かなり分厚いファイルで、〝やる気がみなぎっているな〟と思ったのに、中には2枚しか紙が入ってなかったのです。上司に聞くと、寿退社で辞めて戻らないから、育休取得者がほとんどいないということでした。

しばらくして、クラブ活動のミーティングが終わったときに、ある女性が「結婚・出産しても働きたいよね」とぼそっと言ったのを聞いて衝撃を受けました。わたしの母はずっと働いていたので、そういう理由でやめるとは想像もしていなかったからです。

働き続けるために必要なことを聞くと、「周囲の理解」「保育園」「時短勤務制度」など、必要なもののリクエストが多数上がりました。

走り書きのメモを持って、翌朝上司に相談すると興味を持って下さり、トップからも具体的に詰めたらと理解をいただきました。思わぬ方向に動き出し、それが始まりでした。

小さな偶然を結びつける。クリップに「おかえりなさい」

小川さんの活躍には、いくつもの偶然がありました。育児休業取得者のファイルに違和感を覚える小川さんのお母さまが働き者だったことや、小川さんのプッシュでクラブ活動が始まりそこでママさんたちの声を聞いたこと、上司が良き理解者であったことなど、偶然がつながって運命となったと思うのです。

そんな小川さんが自身の妊娠の報告をしたとき、上司の第一声が「おめでとう」で、二言目が「休みはいつまで？　いつ戻ってこられる？」という言葉で、小川さんは嬉しくて泣いてしまったそうです。入社して1年後にクラブ活動を推進したり、産育休の取得を広めたいと頑張ったりしたこともあり、職場に思い入れが強かったということでした。

復帰の日、小川さんは緊張しながら職場に行き、「ただいまもどりました」と言ったそうです。

上司は九州男児だからか、ややひかえ目な反応でしたが、机の上にミッキーマウスや色んな置物のクリップに一言ずつメモがはさんであり、「おかえりなさい」と書いてありました。職場がこんなに優しいものになったんだと、感動しました。

このように職場の理解が進んだのも、トップの芳野院長がアメリカ留学を経験されていたこともあり、ワーク・ライフ・バランスへの理解があり、自らも率先して動いてくれたからです。とはいえ、道のりは険しいものでした。病院の革命を進めることができたのは、具体性と詳細な現状分析です。

最初の産育休取得者は、百数十人規模のうちの6人でした。それほど問題にはならず、人を補充すれば足りました。

ところが、従業者全体の10~15%となると、臨時の採用だけでも相当の手続き量になり、現場でも新しい人を教育せねばならず、大変です。また、この育休取得の問題は離職率が高い状況で、いかに仕事の穴を埋めるか、という問題と本質的に同じだと考えました。

つまり、各部署から「人が足りない。補充をしてくれ」と総務へ要望が来るのですが、そのつど採用活動をしていては場当たり的になってしまいます。まず、退職者が出て補充するという体質そのものを見直さないといけないと考えました。退職者を出さないように、また欠員が出たとしても、現場で柔軟に対応できるように、ということです。

そこで、まずはマニュアルを平準化し、他の部署の仕事でもできるようにしました。

看護部は当時6部署あり、自分の部署だけで完結する仕事のやり方をしていました。これを、部署を横断した仕事が出来るように洗い出して、多能工に活躍できる人材を育成すれば、欠員が出た部署内の問題を、余力がある部署の人間でカバーできるようになります。

最初は部署を2つ程度の単位でまとめることから始めましたが、現在は、病棟を越えての応援ができるようになっています。時間がかかりましたが、非常に効果的でした。また、臨時の人材を採用するよりは、ベテランの方に応援してもらう方が、質が高く仕事も早いものです。

慣れた仕事を離れる不安。熱意を受け止めてもらえた

専門性が高い仕事をどうカバーするのか気になるところですが、小川さんは、「専門性が必要な部分と、そうでない部分を分けることが大切です」と言います。そうすることで、放射線技師などが、専門性の高い仕事に集中できることにもなります。

また、これまでいた「古巣」を離れることや、他の部署に行くことも、嫌がられるのではないかと懸念が浮かびます。

ところが、病院が本気で取り組むと、「子育てで休んだりするのは、おたがい様だから」と理解が深まり、受け入れられていったとのことでした。小川さんは言います。

感激したことがありました。復帰のタイミングで、外来から透析に行く方がい

ました。仕事の内容が違いますし、本人も大変だったと思うのですが、3日間ある職場復帰プログラムの1日目の帰りに、透析ハンドブックを自分で買って、復帰までに勉強すると言って頑張ってくださったんです。

このようなワーク・ライフ・バランスへの取り組みは、トップダウンで計画があったというよりは、現場で起きている問題から出発して進んでいったということでした。〝人が足りない〟〝教育体制をどうしよう〟というときに現場でアイデアを出し合っていったそうです。

調整役が大切。
細やかに見守る

小川さんの役割は、現場の調整役とヒアリングの役割でした。

たとえば、Aさんが時短勤務希望を出したものの、シフトに入れなかったばあいに、その不満を直接上司や同僚に言うとトラブルになりがちです。

そこで、よくヒアリングして、Bさんのパートナーが実は火曜日と木曜日は仕事が早いからその日はフルタイムで働けるとか、Cさんは実家の応援があるなど聞いて、Aさんが時短勤務できるよう細かく調整して上司と相談する、ということをしていたそうです。

こういった調整は、小川さん自身が、各個人の家庭事情をよく把握し、「この人はいま無理して働いているのではないか」といったように、よく見て理解していたからこそできたのです。

では、小川さんはどのようにして従業員を見ているのでしょうか。小川さんは取材当時、ワーク・ライフ・バランスやダイバーシティの相談窓口を担当されており、日ごろの取り組みの積み重ねと言います。

職場復帰の相談のさいに家庭のことを聞いたり、働き方の相談をしたりします。たとえば出産のときに逆子で大変だった人に気を付けたりなど、気にかけるようにしていますね。

上司からの情報だとか、普段の様子、それにオフタイムの病院行事などで一緒になると、どういう働き方を望んでいるのか、本人に合っているのか見えてきます。

この前、市の行事で駅伝がありました。タスキを繋いで1周700メートルぐらいのトラックを、7時間かけてチームで走ります。芳野病院からは数十人のチームで参加しました。そうすると積極的に走る人、給水係、焼肉係など、色んな役割に自然と分かれ、そこから見えてくることもたくさんあります。

参加者に話しかけたり、休業中の人にも「子どもを連れて応援に来てくださいね」と声をかけて、子育てが順調かどうか尋ねたりしています。警察官のようにメモを用意して、「家庭環境は」と聞いたりすると構えてしまうので、何気ない中から聞くことを大切にしています。

わたしはこのお話を聞いて、なんて細やかに見守っているのだろうと感動しました。たとえば頑張りが上司に評価されていないと感じている人がいると、小川さんは上司の近くでさりげなく「Aさん最近頑張っていますよね」と話題に出したり、「親御さんがご病気で倒れて、援助してもらうのが難しくなったそうです」といった話題を投げかけておいて、上司から相談に乗ってもらったりしているそうです。

コミュニケーションが非常に大切なのは、サイボウズさんの紹介でもお伝えしました。やはり、働き方を変えるためには、情熱を持って取り組める社員と、管理職の〝社員を見る力〟が大切なのだとあらためて考えさせられました。苦労しないと、良い職場は作れないのです。

最近ではうまく現場が回るようになり、小川さんの出番も少なくなっているそうです。

57パターンのシフト作り。苦労に見合う価値がある

さて、小川さんが丁寧に調整役を務められ、働きやすい職場づくりの潤滑油となったからこそ、ワーク・ライフ・バランスが達成されたのは間違いありません。それに加えて、もうひとつ重要な取り組みがあります。それは「誰もが働きやすいシフトづくり」です。

病院での勤務体制は複雑です。夜勤や早番・遅番といった勤務時間のバリエーションだけでなく、法律上の義務を考慮しなければなりません。フロアごと、時

間帯ごとに、必要な看護師の最低人数が決められているのです。

そこで、芳野病院では、希望の勤務時間に柔軟に合わせるうちに、57パターンのシフトを作ることになったと言います。


最初の頃は、働きやすくしようと勤務時間の希望を次々に承諾していき、その結果シフトが増えてしまいました。

簡単にシフトをご紹介します。

短時間勤務には通常の7時間勤務と6時間勤務があり、前30分後30分で合計1時間の調整もあれば、前1時間、後1時間という調整方法もあって、それだけでも数種類のシフトになります。

ベースは朝8時半から9時出勤で、夕方17時半退勤です。これに7時間勤務、6時間勤務、午前半休、午後半休というのが入ってきます。さらに早番、遅番、夜勤などを組み合わせます。これに、施設基準で法律上必要な看護師の数を満たす必要があります。

シフトを作成している科長は、大変苦労しています。しかし、このシフトを作ることで人が辞めなくて済むんだったら、と頑張ってくれています。

シフトはいつも書き直した跡がたくさんあります。〆切日までに上司に提出してもらうのですが、そこから子どもの都合で変更があり、一つ変えると別の個所も変えなきゃいけなくなる。でも休みは消化させないといけない。パズルみたいですね。エクセルで作っている方もいて、シフト表の画面を見ながら、うーんと悩んでいる姿はよく見かけます。


普通の職場であれば、大勢の希望をかなえるシフトを組む手間よりも、シフトに従わせるようにするものではないでしょうか。長時間労働ができないなど言語道断、勤務時間に合わせられない従業員など戦力とみなさないことが、日本社会ではほとんどです。

「会社の言うことに従う人間を雇え」「シフトを細かく考える暇があるなら、日々の現場仕事をとにかくこなせ」そう考えるものではないでしょうか。

しかし、働きやすいシフト作成には苦労に見合うだけの価値があるのです。

本当にシフトを苦労して組んでくださっています。気軽に57のシフトがあるから大丈夫、と声をかけられないくらいです。

シフト自体も時間がかかりますが、ワーク・ライフ・バランスの取り組みも凄く時間がかかりました。

優先順位でいったら、わかりやすい仕事上の改革をサクサク進めたほうがよいと考える人がいるかもしれません。

でも、数年経つとはっきりわかります。仲間のことを考えてくれる上司を見て、信頼関係ができ、人が辞めなくなりました。ベテランが育ち、スピーディにクオリティの高い仕事をしてくれます。

そうなると、良い循環に乗って、従業員は職場に愛着を持ってくれます。取り組みはじめる前は、全国標準で高い離職率が出ていたのですが、今はひと桁台になっています。

「一人面白い理学療法士がいます」と言って、小川さんがとても素敵な話を聞かせて下さいました。

芳野病院に勤務される女性理学療法士さんが、結婚することになりました。お相手は、大分に住むこちらも理学療法士さんです。

大分へ引っ越すのかなと誰もが思っていたところ、なんとパートナーの方が、福岡へ引っ越すことになったというのです。

大分に行くよりも芳野病院で働き続けた方がよい、と理学療法士さんが判断したそうで、パートナーは北九州市で就職活動しているとのことでした。その話を聞いて、芳野院長はすごく嬉しそうに笑っていたそうです。

好循環を生み出す。安心して働ける強さ

離職率だけではなく、業績も経営の方も順調に成長し、具体的な数字として成果が出ているという小川さん。なにより、院内の雰囲気が良くなっていると言います。

安心して働け、辞める心配がない。気持ちが満たされていたり、上司から褒められたりすることで、よりいい仕事をしようと思うようになり、患者の立場に立

つためにはどうしたら良いかと、ディスカッションする機会さえ増えているそうです。

職場の雰囲気を良くする取り組みのひとつに、課長以上が渡せる「サンキューカード」があります。

このカードの裏にはスクラッチが付いており、メッセージを書き込むこともできるようになっています。

「さっきの患者さんへのサービス良かったよ。気をきかせてくれてありがとう」などなど、普段はちょっと照れくさくて言えないようなメッセージも書けます。裏のスクラッチ削ると、カップラーメンやジュースの絵が出てきて、売店にいくと交換できるようになっています。

カードを受け取った人は承認を感じることができ、またおまけも楽しいので、大好評だということでした。

こういった取り組み1つひとつを、小川さんは大切にされているのが伝わりました。サンキューカードでも、とっても嬉しかったことがある、と教えてくれました。

家庭の都合で、ほぼ辞めることになっていた職員がいました。

その方は、復帰直前に親御さんが脳梗塞で倒れてしまい、育児も介護も両方見ることになったんです。

本当に大変そうで、復帰は難しいだろうと誰もが思っていました。

ところが、「それほどまでに、いい病院で働けるなら」とパートナーの両親が近くに来てくださることになり、支援してもらって復帰してくださったんです。

彼女の名札の裏にサンキューカードが入っています。カードには、上司から、「復帰してくれてありがとう」と書かれてあって、彼女はそれをお守りにしていたのです。わたしもすっごく嬉しくって、泣いてしまいました。

多様性を生かせる職場は問題解決能力が高い

パートナーが引っ越ししてまで、働いてほしい職場。親戚が手助けをしてまで、働くことを勧めてくれる。そういう従業員がいる強さ。細かいシフトが組めるほど、現場を細かく見ることができる強さ。

ダイバーシティの力はここにあるのではないでしょうか。多様な人材を活かせる場所は、それだけに問題の把握能力と解決能力が高いと言えるはずです。

それは企業だけでなく、病院でも効果があることがよくわかりました。そして一朝一夕にはできないからこそ取り組む価値がある。効果がある。

病院や保育園などの施設では、ワーク・ライフ・バランスとダイバーシティに、根気よく取り組んでいただきたいです。

著者（左）と小川美里さん（右）

12章

ダイバーシティの力
——最強のイノベーションはこうやって生まれる

Google

本章では、改めてダイバーシティの価値について考えたいと思います。取り上げたいのは、ウェブサイト日経ＤＵＡＬさんに掲載されているＧｏｏｇｌｅさんについての記事「多様性のある集団ほど、問題を解決できる」です。記事の考察を通じて、わたしが考えているダイバーシティの強みについて、本章であらためて述べたいと思います。

Ｇｏｏｇｌｅさんには、国籍や人種だけでなく、さまざまな能力を持った方が従業員として働いているでしょう。また、プロジェクトごとに集まったチームでも、多様な才能や能力を発揮するためには、ダイバーシティの観点は欠かせないと思います。

ダイバーシティの担当者さんは、記事でこう発言されていました。引用します。

グーグルの根本には「Do The Right Thing＝正しいことをする」という発想があります。また、テクノロジーで社会問題や困難な状況を解決したいという思いもあり、社内の取り組みを社会に広く公開して、少しでも課題解決に役立ちたいと考えているのです。また、極めてデータ重視の会社で、ダイバーシティーを語るうえでも、やはりリサーチや研究結果を非常に参考にしています。

例えば、「ダイバース＝多様な人材」がいるグループと、「ホモジニアス＝同じような人材」が集まるグループが問題解決に取り組んだとしましょう。前者のほうが違う意見が出てもめごとが生じるのでは、と予想する人が多いと思いますが、実際は、前者のほうが効率よくクリエーティブに問題を解決できる。それを証明する研究もあるのです。

文化が違う人材と一緒に働き、今までとは違う視点が入ることで、瞬間的には対立が生まれ、スムーズにいかなくなる可能性はあります。しかし、最終的には多様性が担保されているほうが、より良い結果を導くことができるということが明らかになっています。グーグルでは、長期的な視点で多様性のある環境を目指していくことこそ、イノベーションには不可欠だと考えています。

多様性は性差だけではない

わたしはダイバーシティの考え方そのものに、注意すべきことがあると考えています。それというのも、日本ではダイバーシティと言われた場合、まず発想として上がってくるのが女性活躍だからです。建設現場など、女性がそもそもいない職場が日本には少なからずあります。そうなると、「女性がいないからダイバーシティは関係ないな」と、思考がストップしてしまうでしょう。担当者も、記事の中でこうおっしゃっていました。引用します。

実際は、たとえ男性しかいない環境だとしても、その中に無数の多様性が存在しているのです。その多様性の中で、自分のバックグラウンドは、どうチームに影響を与え、貢献しているのかを考えることが必要なのです。

男性従業員だけの職場にもダイバーシティがあるため、その多様性が発揮されれば職場のポテンシャルが引き出されることは間違いありません。ではどのように多様性に気づいていくべきなのでしょうか。そしてどう克服していくべきなのでしょうか。参考にしたいのは、担当者が記事でおっしゃっていた発言です。引用します。

機会があるごとに繰り返しお話させていただいているのですが、やはり影響が大きいのは「無意識の偏見」です。無意識の偏見に気付いて行動を起こすことが重要で、弊社は約４年前から全社的に無意識の偏見をテーマにしたトレーニングに取り組んできました。このトレーニングにはいくつかの段階があります。

一段階目は、無意識の偏見に気付くための「アンコンシャス・バイアス（無意識の偏見）・トレーニング」です。研修を受けた社員がファシリテーターになって講義する形式で、対象は全社員です。

例えば、社内の誰かが何気なく発した言葉が、実は無意識の偏見に基づいていて、人を傷つけてしまうことがあります。傷ついた人が我慢すると、周囲の誰も気に留めず、外からは一見、何も起こっていないように見えてしまう。この「誰も課題に気づいてない」という点が危険なのです。

悪意がなかったとしても、言われた当人は社内で自分らしさを発揮できなくなり、周囲の人達も無意識のうちに、その発言を職場の共通認識としてしまう。これは組織のパフォーマンスにとって大きな損失です。

この無意識の偏見について様々なケースがあることを知ることを学ぶ。それが、1つ目の段階です。

二段階目は、無意識の偏見に対して行動を起こすための練習を行う「バイアス・バスティング」です。これは2年ほど前から行っています。職場の偏見は当事者同士だけでは解決できないことが多く、当事者以外の周囲の人が気がつき、行動を取ることが重要です。ディスカッションやロールプレーを交えながら、「自分ならどのように行動を起こすか」という実践練習を行います。

無意識の偏見にはこう対処する。取り組みは自発的に

この偏見に対して行動を起こす具体例が、記事ではこのように書かれていました。

例えば上司が「今度の新企画では、フレッシュなアイデアが欲しいので、チームに新しい風を吹き込んでくれるような20代の若手を採用しよう」と主張したとします。このとき、上司が口にした「20代＝フレッシュ」といった無意識の偏見に気付き、自分がみんなの前で直接上司に指摘できる状況と、そうではない状況があります。

直接言葉で上司に指摘することは難しいことが多い。であればどうすればいいのかを学びます。

例えば、上司にこんな問いかけをするのも一つの方法でしょう。「この新企画で求められるスキルは何か教えてもらえますか？」と。このポジションに求められる職務は何かという事実にフォーカスすることで、「若さと新しい視点というのは必ずしも関連するわけではない」と上司を含め、その対話を聞いていた周囲の社員も無意識の偏見に気付きます。

このような方法で何気ない無意識の偏見に基づく発言に対し、皆で「自分ならどうするか？」と具体的に考えるのです。行動の取り方は人や状況によって様々で正解はありませんが、行動を起こすということの重要性を理解するように心がけています。

たしかに、このようなロールプレーを体験していけば、社内のダイバーシティに気づきやすくなりますよね。

わたしがすごいなと感心したのは、運営や勉強会がほとんど自発的だということ。記事では次のように紹介されていました。

最初にファシリテーターの希望者を募り、ファシリテーターになるためのトレーニングを受けてもらいます。また、ロールプレーやディスカッションでは、社内で実際に起きた事例を使用します。

ファシリテーターは「シナリオバンク」と呼ばれるシナリオ集から、参加者に関係性の高いものを選んで使用します。グーグルでは人事が主導してトレーニングを実施するだけでなく、社員同士が教えたり学ぶというカルチャーがあります。

わたしが率直な感想として思ったのは、これほど主体性が高く、現場の声を上げやすいカルチャーがあれば、ダイバーシティに関する問題はそもそも起きないのではないか、ということ。それなのに、なぜＧｏｏｇｌｅさんはダイバーシティへの取り組みが必要だと考えているのでしょうか。

ここからはわたしの憶測なのですが、きっと、仕事にプロフェッションを持つ人ほど、こだわりと対立が生まれやすくなるからかもしれません。才能豊かで能力が高い人ほど、美学や自分の仕事ペースがあります。いざという時に深刻な対立を避ける。そのためにも、ささやかなことに日ごろから気を付けてトレーニングすることが効果的なのでしょう。

記事で担当者はこうおっしゃっていました。

多様なバックグラウンドを持つ人がいて、考え方も多様なので、その考え同士がぶつかることはあります。多様な考え方があるからこそ、無意識の偏見に気がつく機会も多いと思います。トレーニングを行ったから終わりということではなく、継続的に無意識の偏見に取り組んでいくことが大事だと考えています。

最高のクリエイティビティが示すもの
誰もが気持ちよく働ける強さ

仕事にプライドを持ち、チームを思って良かれと思って発言したことが、誰かを傷つけたり疎外したりする可能性は否定できませんし、よくあることだと思います。そういった場面でも、コミュニケーションを再構築するために何が必要なのかを考え、普段からトレーニングをすることは意義のあることかもしれません。多様な人材が持てる力を発揮することは、Ｇｏｏｇｌｅさんの取り組みを見ればわかるように、丁寧に時間をかけなければならないことがわかります。

しかし、この取り組みが必要なのは、世界最高のクリエイティビティを発揮するＧｏｏｇｌｅさんの活躍を見れば、納得がいくものではないかとわたしは考えます。

（出典ＵＲＬ：http://dual.nikkei.co.jp/article.aspx?id=8077）

column

column 6

企業が生き残るために

ダイバーシティ・インクルージョンの戦略としての重要性を強調してきました。ここではそれが醸成されていくステップを考えてみましょう。

まず、ダイバーシティには表層的違いと深層的違いがあります。

表層的違いには、性別・年齢・人種・国籍・障がいの有無など、見た目ですぐ分かるものが挙げられます。

表層的なダイバーシティへの取り組みは、即効力が期待できます。たとえば、女性社長や外国人社長を登用すれば、「組織が変わった」と瞬間的なアピールにはなります。ですが、これはあくまでも〝表層的なもの〟に過ぎません。

深層的違いには、働き方の違い（TPO）・宗教・価値観・社会的背景の違いなど、コミュニケーションをよく取らなければ分からないものが挙げられます。

働き方の違い（TPO）を補足すると、T（time）は時間の制約を意味し、産休・育休・介護休、時短勤務、フレックスなどを指します。P（place）は場所の制約を意味し、在宅勤務、地域限定、地方からの勤務などを指します。O（opportunity）は雇用形態の制約を意味し、正社員、契約社員、派遣社員、パート、再雇用制度などを指します。深層的なダイバーシティは、組織内部全体にゆっくり浸透していくもので、お手軽感はないかもしれませんが、表層的なダイバーシティよりむしろ重要なものと言えます。

日本の多くの企業が、未だに図のステップ1〜3の状態にあるように思います。ステップ4のダイバーシティマネジメントを掲げる企業では、違いに価値を置き、産休・育休・介護休・時短勤務などのサポート制度を導入をして、多様な人材を積極的に採用はしているものの、ダイバーシティ人材とそれ以外の人材が区別されている状況にあると思います。

アメリカでは1990〜2000年頃、多くの組織がダイバーシティマネジメントに取り組みました。ダイバーシティ人材（有色人種や女性）の積極的な採用・登用と彼らをサポートする制度の導入に焦点をあてました。しかし、アメリ

column

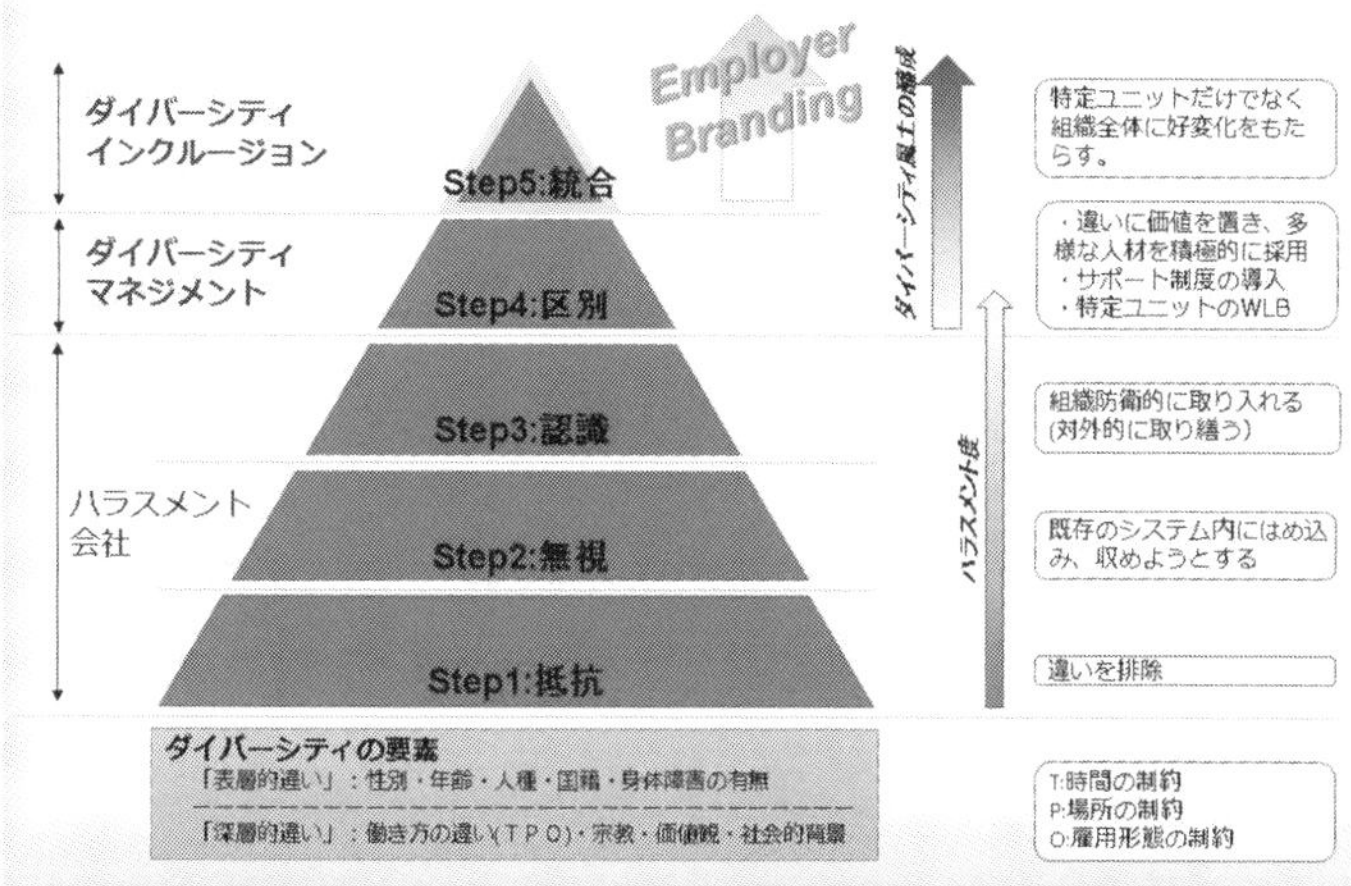

参考 早稲田大学大学院商学研究科 谷口真美氏「日本の人事部」2006年インタビュー記事

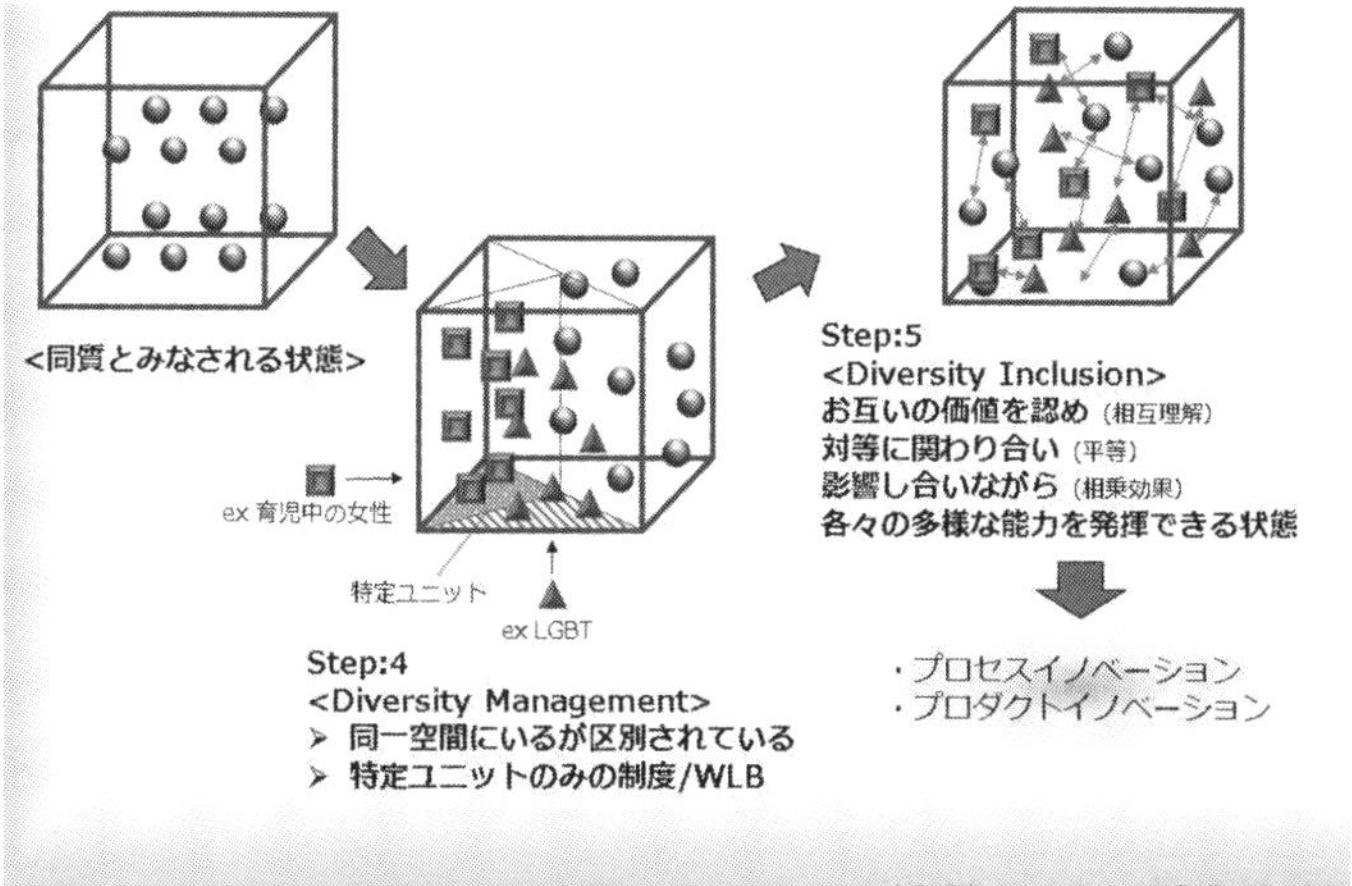

参考：(株)ヒューマンバリュー研究員 堀田恵美氏 文献

カではダイバーシティマネジメントは上手く機能せず、ダイバーシティ人材の離職率は高止まりでした。ダイバーシティマネジメントの失敗要因は、ダイバーシティ人材を受け入れ協同していくマインドセットと組織風土の欠如と言われています。その反省から〝ダイバーシティ・インクルージョン〟という概念がうまれ、2000年頃から多くの企業が成長戦略として取り組みました。

〝ダイバーシティ・インクルージョン〟とは、各々が対等に関わり合いながら、多様な能力を発揮できる状態を言います。日本の多くの企業が、近年ダイバーシティ人材の人数確保や制度の導入に焦点をあてる、当時のアメリカのダイバーシティマネジメントに近い取り組みをしているように思います。

それに加えて、〝ダイバーシティ・インクルージョン〟の概念なしにダイバーシティの成功は難しいと考えられます。ステップ5まで行けて、はじめてプロダクトイノベーションやプロセスイノベーションといったダイバーシティの成果を得られるのだと思います。

インクルージョンさせていくためのヒントは、従業員の中にあります。なぜな

column

ら、すべての従業員の働きかたの問題だからです。全従業員とコミュニケーションをとり、トライ&エラーを重ねることで、信頼関係の醸成が行われ、風通しのいい職場になっていきます。このトライ&エラーの過程を踏むことが、信頼関係の醸成のために極めて大事だと考えます。だから、この章のはじめに述べたように、貴方の会社は貴方の会社独自でこの過程を踏まなければ、解決策は見つけらないということに繋がるのです。

セクハラ・パワハラのモラルの問題だけでなく、マタハラは〝働きかたの問題〟です。是非マタハラ解決をきっかけに、ダイバーシティマネジメントからダイバーシティ・インクルージョンへとステップを上げて欲しいです。

人口が激減し労働力不足に陥るこれからの日本社会には、育児・介護・病気や怪我などをしながら働き続けることのできる社会の実現が求められます。〝ダイバーシティ・インクルージョン〟の概念なしに企業は生き残ることはできないし、生き残りをかける上での経営戦略の一環にして欲しいと思います。

おわりに

本書に込めた気持ちは、〝マタハラ問題へのアンサーを届けたい〟という強い願いです。

マタハラ被害者でもあるわたしは、どうすればマタハラがなくなるのか、そして妊婦の方も周囲の人も、どうすれば幸せに働けるようになるのか考えてきました。そして、日本人の習慣や、就労環境に絶望した時がありました。

長時間労働はなくなりそうにない。保育園は増加しそうにない。男性と女性の役割が違う。そんな現実が重くのしかかり、変えようがないのではと落ち込んだのです。とても大きな岩で蓋をされたようでした。

でも、企業インタビューを重ねるうち、誰もが幸せな職場こそ、会社をかつてないほど強くすることができる、それが経営戦略にもなると確信でき、インタビューを重ねるごとに気力が満ちていくのを感じました。ダイバーシティやワーク・ライフ・バランスが効果的な経営戦略であれば、採用しない手はありません。

そして、この戦略に気づいている企業も増えていくに違いないと思えたのです。

マタハラＮｅｔの相談者に印象的だった女性がいます。

彼女は、ある印刷会社で営業をしていました。彼女は上司から「わが社の育休取得者第1号になってくれ」と言われていたにもかかわらず、いざ妊娠してみると、「無責任だ」「プロジェクトから外す」「つわりなんて気合で乗り切れ。通勤時間を変えることは許さん」等、猛烈なマタハラと人格攻撃を受け、会社の誰にも相談できないまま、切迫流産の危機に至りました。

労働基準監督署に電話しても別の窓口を紹介され、たらいまわしです。ネットにある相談所に片端からあたってみても、親身になってくれる人がいない。

「どこにいってもダメだと思った」

彼女がうつむきながらつぶやいた、その小さな声を忘れることができません。

彼女のつぶやきは、たんに相談できる場所がないという意味だけでなく、日本の労働環境への「絶望」から出たものだと感じたのです。

彼女は会社を辞めざるを得ないまでに追い込まれるのですが、そうなってしまうと産休育休を取得できなくなる状況でした。当然、今の日本では、身重で転職など困難です。

彼女には、本書のもととなった企業インタビューのテープ起こしを手伝ってもらいました。素晴らしい経営者の声を聞くことで、世の中捨てたものじゃないよ、と実感してほしかったのです。働きやすい職場環境は、意外と手が届きそうな距離にあるよ、と。

この実感を、読者の皆さんにもお届けしたいという一心で書きました。

本書はたくさんの人に支えられて完成しました。

運営を支えてくれたりしている、ボランティアの皆様。特にマタハラＮｅｔ立ち上げ当初に私に連絡をくれ、今回の企業への取材に尽力してくださった水野宏信さん。私の講演を聞いてくれ、その日以来カメラマンとして素敵な写真の数々を提供してくれている村上岳くん。そして、素晴らしいお話を聞かせてくださった各企業の担当者の皆さまに心からの感謝を贈ります。ありがとうございました。

また、出版の機会を与えて下さった花伝社の平田勝社長にあつくお礼申し上げます。

この本が、経営者の皆様に届きますように。

そして、この本が、日本の労働環境を少しでも改善する力となりますように。

小酒部さやか（おさかべ・さやか）
1977年生まれ。「NPO法人マタハラNet」代表理事。自身の受けたマタニティハラスメント被害の経験をもとにマタハラNetを設立。マタハラという言葉を2014年の流行語になるまで普及させ、女性の全面的な職場参加を支援している。2015年、アメリカ国務省が主催する「世界の勇気ある女性賞」を日本人初受賞。著作に『マタハラ問題』（筑摩書房）。

ずっと働ける会社——マタハラなんて起きない先進企業はここがちがう！

2016年11月25日　初版第1刷発行

著者 ——小酒部さやか
発行者 —平田　勝
発行 ——花伝社
発売 ——共栄書房
〒101-0065　東京都千代田区西神田2-5-11出版輸送ビル2F
電話　03-3263-3813
FAX　03-3239-8272
E-mail　kadensha@muf.biglobe.ne.jp
URL　http://kadensha.net
振替 ——00140-6-59661
装幀 ——黒瀬章夫（ナカグログラフ）
写真 ——村上岳
印刷・製本—中央精版印刷株式会社

ISBN978-4-7634-0798-6　C0034